〔日本交通政策研究会研究双書 28〕

日本の交通政策
― 岡野行秀の戦後陸上交通政策論議 ―

岡野行秀
杉山雅洋

Yukihide Okano
Masahiro Sugiyama

成文堂

まえがき

　第2次世界大戦で壊滅的な打撃を受けたわが国の交通機関、交通施設が幾多の試練・課題を抱えながらも、関係する人たちが鋭意戦災復興に取り組み、極めてエネルギッシュに整備に当たってきたことから、今日では社会・経済生活を支える上での大きな役割を果たすようになってきている。そこでの短期的な対応が必要とされたものはもとより、長期的に取り組まざるを得なかったものも散見される状況の中でどのような政策が採られたのか、その決定プロセスでいかなる議論のやり取りがあったのかを振り返るのは、今後の交通政策論議にとって重要なことである。これまで示された見解には対立のみられたものも決して少なくない。しかし、それらを検討するに当たって、その大半を一冊で把握し得る文献が身近に残されていたかといえば、必ずしもその限りではない。

　戦後わが国の代表的な交通政策としては、運輸政策審議会が展開してきた総合交通体系論、その議論の契機となった国鉄改革、わが国道路政策の二本柱といわれる有料道路制度・道路特定財源制度の変遷等が挙げられる。交通政策の基調としては、行政介入型から市場機構活用型に移っているのも特徴である。

　21世紀も10数年を経た時点において、交通政策審議会の前身である運輸政策審議会時代になされた総合交通体系に関する諮問・答申、わが国のみならず国際的にも大きな関心が寄せられた国鉄改革論、社会的に多くの議論を呼んだ道路政策の二本柱をめぐる議論、昨今の風潮からの規制緩和政策の具体論を論じておくことには少なからざる意義があると考える。いや、今を失してはこれらの議論は伝承され得ないとの危惧も否定できないのではなかろうかとも考える。これらの政策が論じられた背景を可能な限り客観的に整理し、その上で政策論議をフォローしておくことは、これらの政策論議に立ち会ったわれわれ世代の重要な責務であろう。

本書は鉄道政策、道路（自動車交通）政策を中心に据えて綴ったものである。本来は各方面から多くの耳目を集めた航空・空港政策、海運・港湾政策をも取り入れたものにすべきであることを十分承知しているが、われわれが相対的な意味で社会・経済的にインパクトの強いと判断した陸上交通政策に敢えて焦点を絞った次第である。

　交通政策論議は多くの人たちによって、正確な事実認識を出発点として、論理的に展開されることが望まれる。本書が温故知新の一助となれば幸いである。

　なお、本書の執筆・刊行に当たっては多くの方々にご協力いただいた。先ず、刊行が当初の予定を大幅に遅れたのにもかかわらずご理解・ご寛容くださった（公益社団法人）日本交通政策研究会代表理事金本良嗣先生、原田昇先生に深く感謝申し上げたい。そして、資料収集に多くの助力を惜しまれなかった少なからざる方々に改めて御礼申し上げたい。さらに、本書の出版プロセスで多大なご尽力を頂いた成文堂編集部の飯村晃弘氏に厚く感謝申し上げたい。これらの方々のご理解・ご協力なしには本書は刊行に至らなかったのである。

岡野行秀
杉山雅洋

目　次

まえがき

序章──本書作成の経緯に寄せて──

第1章　第2次世界大戦後の廃墟から復興へ

1　終戦直後の交通機関を取り巻く状況 ………………………………… 7
　　1－1　戦時荒廃の状況　7
　　1－2　復興への手がかり　9
2　陸上交通政策の動向 …………………………………………………… 16
　　2－1　鉄道政策　16
　　2－2　道路政策　17
3　航空政策──航空憲法（45・47体制）とその廃止── ………… 19
　　3－1　民間航空輸送の再開　19
　　3－2　国内航空2社体制構想　20
　　3－3　航空憲法（45・47体制）とその廃止　22
4　海運政策──海運集約とその後── ………………………………… 24
　　4－1　海運自由の原則　24
　　4－2　海運再建整備二法　25
　　4－3　中核6社体制とその後　26

第2章　総合交通体系（政策）

1　総合交通体系とは ……………………………………………………… 29
2　総合交通体系論の背景 ………………………………………………… 31
　　2－1　総合交通政策における英国・米国の教訓　31
　　　1）英国の場合　32

2）米国の場合　34

　2-2　わが国のケース　35

　　1）通運性悪説　35

　　2）イコール・フッティングの欠如説　37

　2-3　総合交通特別会計構想と自動車重量税　38

3　1971（昭和46）年での動向 …………………………………… 41

　3-1　総合的交通体系論　41

　3-2　運輸政策審議会「46答申」　42

4　イコール・フッティング論 …………………………………… 44

　4-1　マンスの提案とルイスの批判　44

　4-2　岡野のイコール・フッティング論　45

5　「46答申」の解釈、評価とその後の展開 ……………………… 50

　5-1　市場競争 vs 政府規制をめぐる解釈　50

　5-2　「46答申」後の展開　53

第3章　国鉄改革——分割・民営化——

1　国鉄経営悪化の経緯と対応 …………………………………… 57

　1-1　公社国鉄の経営悪化　57

　1-2　国鉄最終年度の状況　58

　1-3　国鉄解体論、分割・民営化論　59

2　経営悪化の要因と再建計画の挫折 …………………………… 60

　2-1　経営悪化の要因と経営改善計画　60

　2-2　政府の対応　62

3　第2次臨時行政調査会答申（1982（昭和57）年5月17日）…… 63

　3-1　第2次臨時行政調査会　63

　3-2　第4部会報告　64

4　国鉄再建監理委員会意見（1985（昭和60）年7月26日）……… 65

　4-1　分割・民営化の提案　65

4-2　具体的改革案　67
　　4-3　民営化後のあり方　68
5　「意見書」の提言を受けて………………………………………… 69
　　5-1　長期債務処理の失敗　69
　　5-2　株式公開・売却　74
　　5-3　新幹線リース方式（一括保有方式）から上下一体方式へ　75
　　5-4　三島会社（経営安定基金）と貨物会社（第2種鉄道事業者）　77
6　国鉄改革の評価………………………………………………………… 80

第4章　道路関係四公団改革

1　日本道路公団等の改革に向けて……………………………………… 86
　　1-1　特殊法人改革の背景と主なプロセス　86
　　1-2　諸井委員会と道路関係四公団民営化推進委員会　89
2　民営化推進委員会「意見書」（2002（平成14）年12月6日）… 91
　　2-1　基本理念への疑念　91
　　2-2　政府・与党協議会の対応　95
3　改革論議プロセスでの事実誤認……………………………………… 103
　　3-1　第2の国鉄論　103
　　3-2　路線別収支の捉え方　105
4　改革案をめぐる評価と有料道路制度のあり方……………………… 106
　　4-1　改革案への評価　106
　　4-2　有料道路制度のあり方　108

第5章　道路特定財源制度の廃止

1　道路特定財源の一般財源化への経緯………………………………… 111
　　1-1　道路整備緊急措置法の改正と道路整備充足論　111

  1-2　道路財特法とその一部改正での複雑なプロセス　114
2　道路特定財源制度廃止後の自動車関連諸税……………………………116
  2-1　自動車関連諸税の沿革　116
  2-2　自動車関連諸税での非論理性　121
3　道路特定財源制度の意義と役割……………………………………………122
  3-1　特定財源制度の意義　122
  3-2　英国・米国での実情　124
  3-3　道路特定財源制度のあり方――再考――　126
附論　道路特定財源の転用論について
  ――「21世紀の公共事業を考える有識者会議」での扱い――…127

第6章　規制緩和政策

1　規制（政策）と規制緩和（政策）………………………………………131
  1-1　規制の基本類型　131
  1-2　参入規制の緩和　132
2　運輸部門における規制緩和…………………………………………………133
  2-1　規制緩和論の風潮　133
  2-2　量的免許と質的免許　134
  2-3　規制緩和の本質　135
3　バス事業の規制緩和――乗合バス事業を中心に――………………137
  3-1　運輸行政での需給調整規制廃止の流れ　137
  3-2　乗合バスに関する運政審答申の骨格　139
  3-3　乗合バスサービスの維持　142
4　宅配便の運賃規制……………………………………………………………144
  4-1　小口貨物＝「ゴミ」貨物論と宅配便　144
  4-2　宅配便成長の要因　145
  4-3　1983（昭和58）年の運賃認可　146

5 タクシーの同一地域同一運賃制度のあり方……………………………149
 5－1 同一地域同一運賃制度の論理　149
 5－2 届出運賃登録制度の提案　151

終　章

岡野行秀教授著作目録 ……………………………………………………161

序章――本書作成の経緯に寄せて――

　第2次世界大戦後、廃墟と化した日本の再建にとって産業とそれを支える交通基盤の復活が不可欠だった。現在の日本の交通システムに慣れ親しんだ人々には敗戦直後の交通インフラ、輸送の状態は想像できないであろう。そのため、私は、交通の復旧から復興の過程で採用された交通政策がどのような問題を、どのように解決しようとし、どのような過程を経て決定されたかを政策決定に関与した者として記録として残すべきだと考えた。また、多くの専門書の交通政策についての叙述には含まれていない決定過程における主張や議論を紹介するとともに私自身がどのように活動したかを述べ、決定された政策の評価はどうであったかを説明することも本書の目的である。かくして、本書ではこのテーマを扱っている類書とは異なり、問題の分析および政策評価を行う研究者としてあるいは審議会等のメンバーとして、主要な交通政策の策定に直接・間接的に関与した私の経験とそこで得た教訓を披歴する。専門家ではない読者には、マスメディアの影響で常識化されている、審議会等の政策決定に関するステレオタイプな見方を修正させる効果を狙いたい。それと同時にマスメディアの説明を鵜呑みにしないで、自分の頭で考えるようになる糸口を作りたい。

　交通政策の変遷をみると日本と交通の先進国である英国、米国との間で本質的に差異はない。差異は時代的に先進国であった英米よりも日本が遅く、数十年のタイムラグがあったことである。

　　Button, K. J. & Gillingwater, D.（1986）は交通政策を四つの時代に分けて分析している。a）鉄道時代（1880～1920年）、b）鉄道保護時代（1918～1945年）、c）管理計画の時代（1930～1970年）、d）コンテスタビリティの時代（1970～現在）

　自動車の発達が早かった英米両国では、鉄道独占時代が1920年頃終わった。第1次世界大戦後には、戦争中に使われたトラックが大量に放出された

のが契機となって、トラック輸送と鉄道輸送との競合が激しくなり、政府は鉄道vs自動車の競争調整に乗り出した。日本においてはこれが第2次世界大戦後から始まった。1918年から1945年までが、競争調整の時代で、具体的政策は、自動車輸送の規制によって「過度の競争」を制限して鉄道を保護するものだった。

　1971（昭和46）年の総合交通体系論は、端的にいうと1964（昭和39）年度に赤字経営に陥って赤字を続ける国鉄を救うために競争相手の自動車交通に新税のハンディを負わせ、かつその税収を国鉄救済に当てようとするものであった。これは筋書き通りにはいかず、結局1987（昭和62）年の分割・民営化による国鉄改革を待たねばならなかった。第2次世界大戦の後、欧州諸国も経営破綻した鉄道の改革に迫られた。日本の国鉄改革が成功し、鉄道の役割を維持し得たのは、旅客を惹きつける質の高い輸送サービスを提供する新幹線の存在と「独占時代の国鉄に課されていた規制の緩和」—たとえばエキナカビジネス—によるものであった。

　私の経験では、現場観察や現場での意見聴取が、具体的な政策問題を扱う上で極めて重要である。しばしば経済学者は現実をよく知らないで意見を述べると批判されるが、現実を冷静に観察して問題を的確に把握し、分析することが必要である。ただし、この場合でも同じ現実の事象を見る上で、理論の理解が十分であるかどうかによって、得られる情報量と正確さに大きな差が生じる。たとえば、稲沢操車場の操車状況の視察は操車場不要な貨物輸送への移行の必要性を感じさせた。

　従来、「交通の分野では政府の介入が必要である」という考え方が世界共通であった。交通産業はその活動舞台である交通市場への政府の規制・介入が最も多い業界である。最近、タクシー業界が数年前に導入した需給調整撤廃の規制緩和を廃止させて再規制導入を目指して政府・政治へ働きかけているのも「交通の分野では政府の介入が必要である」という conventional wisdom に基づいている……。

　実は、上記の文章は岡野行秀教授が本書の執筆を計画するに当たって2013

年1月末に綴ったものである。そこに述べられているように、類書にはない政策論の記述を明確に意図している。この問題意識の下で、当初の構想では

　第1章　第2次大戦後の廃墟から復興へ
　第2章　総合交通体系（政策）（1971年）
　第3章　国鉄改革（1987年）―分割・民営化―
　第4章　規制緩和
　終　章

と岡野教授自身による論述が続く予定であった。しかし、岡野教授は病を得て、多くの人の切なる願いもむなしく2014（平成26）年5月9日に帰らぬ人となってしまった。岡野教授は本書の計画・作成に当たって杉山雅洋に手伝うように要請されていた。杉山は本書の意義を最大限に認識しており、後学の世代に是非とも岡野教授の主張を書物の形で伝えておきたいと考えていたことから、微力ながら喜んで協力させていただくことを申し出ていた。その時点では、岡野教授の指示の下での資料整理ないしは若干部分の素案の準備ぐらいをと思っていたが、実際には岡野教授の病のため相談ないし打ち合わせの機会を持てないまま、したがって具体的な指示を受けないままとなってしまった。病床にあったとはいえ、昭和一桁世代の強靭な精神力の持ち主である岡野教授は必ず回復されると信じ、その時に改めて相談をと考えていたが、まことに無念にもそれさえ叶わぬこととなってしまった。

　入院中の岡野教授の奥様から病状報告とともに「この本が体力的に完成できないのは主人にとって残念ですが、私の思いも同じです」との連絡をいただき、今考えれば自分の能力を顧みず全く無謀なことにも、「私でよろしければ引き継いでみますが、岡野先生のご意向を打診していただければ」との返答を申し上げた。先生と奥様お二人だけの間でしか可能ではなかった病室での会話に委ねた次第である。岡野教授の判断を確認していただいたことから、杉山の作業が開始された。このような事情のため、本書作成の経緯を説明しておきたい。それゆえ、通常の書物の序章とは幾分趣の異なる記述内容となることを断わっておきたい。

　先ず、岡野教授の出版申請を日本交通政策研究会研究双書の一環として承

認下さっていた（公益社団法人）日本交通政策研究会に、岡野単独著から岡野・杉山の共著への変更と完成時期（原稿提出時期）の延長を認めていただいた。次に、岡野教授の膨大な著作の収集に、奥様、日本交通政策研究会の金澤貴子さん、（公益財団法人）高速道路調査会の佐藤アヤ子さんに文献ならびに文献リストをいただき、そこには示されてはいない、あるいは現時点で文献そのものの入手が難しいものについては（一般財団法人）空港環境整備協会航空環境研究センター研究員高橋達君（早稲田大学大学院生）にネット収集等の助力を願った。この協力がなければ、杉山の具体的作業は進み得なかった。それでも、岡野教授の著作は『経済学論集』（東京大学）、『交通学研究』（日本交通学会）等での学術論文だけでなく、ご自身の考えを分かりやすく綴った研究機関の機関誌、一般誌、新聞紙上にも数多く発表された論文等、実に多岐にわたっているので、全てを集めることができたとはいえない。政策論としての主張は、むしろ機関誌、一般誌、新聞等に多くみられる傾向があり、これらを可能な限りフォローしておく必要があったが、余りの本数の多さとはいえ、この分野での収集作業そのものも容易ではなかった。

　その上で実際に本書で用いる論文等の選択、執筆準備に入ったわけであるが、常日頃から岡野教授と様々な機会で同席させていただき、直々に懇切なご指導をいただいていたことから、少なくともその時点で杉山は該当論文の大半を理解しているつもりでいた。しかし、膨大な数の論文等を改めて読み返し、決して理解が十分だとはいえないものであったことを思い知らされた。岡野教授の研究された内容の奥深さに、遅ればせながら自らの至らなさを恥じる思いであった。そのことを承知の上、杉山独自の判断で前記の章構成に、当初では組み込まれていなかった道路公団改革と道路特定財源制度の廃止に関わる2つの章を追加した。この分野でも岡野教授の先駆的な研究のわが国学会、行政への影響は大きく、常日頃積極的に発言されていたこと、家庭でもこのことが度々話題に上っていたとのこと等からの解釈である。さらに、本書で主として用いるべき関連論文等の選択、各章での節構成ももっぱら杉山の独断である。

　当初の、ないしは新たな章構成にしたがって、岡野教授の著作を分類、そ

のまま再録するのが正確で好ましいとも計画したが、とりわけ若い世代の方々に教授の考えがどのような状況下でなされたのかを伝えるためには、その背景を解説しておくことが必要ではないかと考えた。若い世代には体験的にも、文献的にも周知ではない状況を伝えること——それは岡野教授より10数年若輩の杉山の世代にも簡単なことではなかったが——も、岡野教授の主張を正確に知ってもらう上での前提になると判断したためである。したがって、若い世代への参考までにということから、事実関係の初歩的な解説も敢えて試みている。

　本来は本書の構成、記述内容を岡野教授に確認していただいた上で刊行するのが筋であるが、それが叶わなくなってしまった現在、岡野教授ならこのように書いたであろうとの推測の下での形で出さざるを得なくなってしまった。岡野教授の主張をベースにしたものではあるが、中には杉山の独断専行で綴った部分も含まれている。本書の内容に不十分な点、ないしは誤りがあったとすれば、それは全て杉山の責任である。責任の所在を明らかにするという意味で、共著とさせていただいた事情を汲み取っていただければ幸いである。

　本書の形式もいささか変則的なものであることを断わっておきたい。第2章から第6章では、岡野教授の論文等の紹介を心掛けたため、該当論文を各章末に掲げ、それ以外の文献は脚注の中で示した。通常の記述スタイルとは異なっているのは、岡野論文等を軸に据えた構成を意図したためである。

第1章

第2次世界大戦後の廃墟から復興へ

1　終戦直後の交通機関を取り巻く状況

1-1　戦時荒廃の状況

　第2次世界大戦による日本の国力の疲弊は交通分野においても極めて深刻であった。今となっては、当時の状況を把握するための統計、しかも全ての交通機関の比較を可能とするものを見出すことは必ずしも容易ではないが、ここではもっぱら身近での入手可能性から、矢野恒太記念会編集・発行『数字でみる日本の百年　改訂第6版』(2013年3月)、国土交通省総合政策局情報政策本部監修『交通経済統計要覧　平成24年版』(2013年9月、運輸政策研究機構)により、戦時荒廃の状況を振り返ってみることとしよう。参照資料での便宜上、当時の状況(年度)を各交通機関の数値が統一的に得られる1950(昭和25)年度とするが、それでも終戦直後の姿は把握可能と考える。ちなみに、1950(昭和25)年はわが国にとっては戦災復興のきっかけとなった朝鮮戦争が勃発した年である。

　鉄道では、1950(昭和25)年度の営業キロ延長そのものは国鉄19,786km、民鉄7,615kmと今日と大差はなかったが、複線区間以上、電化区間はとりわけ全国展開の国鉄の場合には大幅に少なかった。このことの影響が端的に表われるのは輸送量であり、国鉄では2011(平成23)年度のJRに比べ旅客輸送人キロで28％、民鉄では25％に過ぎなかった。一方、戦後の鉄道貨物輸送は国鉄でも激減、民鉄ではほとんど行われなくなったため、1950(昭和25)年度の国鉄・民鉄計の33,849百万トンキロが2011(平成23)年度では19,998百万トンキロに減っているが、鉄道輸送分担率が1950(昭和25)年度では52％であったのに対し、2011(平成23)年度では5％弱に過ぎないこと

から、鉄道以外に分担できる交通機関が限られていた当時は量的には鉄道輸送に頼らざるを得ない状況であった。しかし、機関車・車両の可動施設の多くが破壊されていたこと等から、輸送サービスの質は今日では考えられないほど劣悪なものであった。

道路総延長は1950（昭和25）年度では135,442km[1]と2011（平成23）年度の1,212,664kmの1割強に過ぎなかった。しかし、当時の舗装率は1％をかろうじて上回る程度（ちなみに、2011年度では80.7％）で、自動車交通の用に供するレベルとは程遠い状況であった。もっとも、自動車（四輪車）保有台数は1950（昭和25）年度では21万2千台と2011（平成23）年度の7,386万7千台とは比べるべくもない低さであった。終戦直後は旅客輸送、貨物輸送とも自動車はごく限られた人だけのものであった。

航空輸送は本章の1-3でみるように、敗戦時には日本国籍の航空機の飛行そのものがGHQ（General Head Quarters；連合国総司令部）により一切禁止されていたので今日との比較云々以前の状態であった。

商船船腹量は壊滅的に減っており、1950（昭和25）年度は乾貨物船124万G／T、タンカー28万1千G／T、その他19万G／T、計171万1千G／T（944隻）に過ぎなかった。それでも、終戦年度の134万4千G／Tを幾分なりとも回復してのものであった。2011年（平成23）年度ではそれぞれ779万G／T、641万6千G／T、116万G／T、1,536万6千G／T（4,164隻）であり、日本商船隊の構成[2]といった面での大きな課題を抱えているものの、終戦直後からは大きく回復している。わが国船社による外航貨物輸送量は1950（昭和25）年度では輸出65万1千トン、輸入329万3千トン、三国間34万7千トンと、今日でのそれぞれの1桁台に過ぎなかった。

このように、終戦直後の旅客輸送は自動車輸送がほとんど機能し得ない状

---

[1] 1950（昭和25）年度の市町村道総延長の数値は確認できないが、これを含めるとすれば、総延長は1桁上のものであったと考えられる。

[2] 日本商船隊はわが国外航海運企業が運航する2,000G／T以上の外航商船群のことで、日本籍船だけでなく、外国企業から用船（チャーター）した外国籍船の合計で、近年では後者が圧倒的に多くなっている。

況であったこともあり、必然的に鉄道に頼らざるを得なかったものの、先に挙げた機関車・車両に加え、インフラ、燃料も極度の不足で、そのサービスは今日とは比較できないほどの低水準であった。貨物輸送は、四面環海というわが国特有の地形から、内航海運に依存してきた。内航海運の輸送トンキロシェアは４割強で推移し、自動車とシェアの座が逆転したのは1985（昭和60）年度であったが、2011（平成23）年度でも41％となっている。

　なお、表１－１、表１－２に前掲の『交通経済統計要覧　平成24年版』より1960（昭和35）～2011（平成23）年度の国内旅客・貨物輸送分担率を示しておく。戦時荒廃との直接の比較にはなり得ないが、そこから交通市場の変化の趨勢を確認することができるのである。

　戦後の交通市場の競争化による輸送機関市場分担率の変動に関して、とりわけ、旅客輸送では欧米諸国に比し鉄道が多くを分担していること、貨物輸送における自動車のシェア[3]が大きく拡大しているのが特徴である。

１－２　復興への手がかり

　このような状況に対処するため、政府としても経済計画、国土計画等により、交通関係社会資本の整備に力を注ぐこととなった。経済計画は最初のものとしての「経済自立５カ年計画」（計画年次；1956（昭和31）～1960（昭和35）年度）から、昭和40年代前半までには「新長期経済計画」（1958（昭和33）～1962（昭和37）年度）、「国民所得倍増計画」（1961（昭和36）～1970（昭和45）年度）、「中期経済計画」（1964（昭和39）～1970（昭和45）年度）と続いた。とくに、ほとんどの計画が対象期間を５年間とした中で、池田内閣による「国民所得倍増計画」はこれを10年間とし、実質経済成長率の実績を10.0％（計画では7.8％）と２桁台に乗せる役割を果たしことが今以って注目

3）　時系列でデータで見る場合、表１－２の注５に示されているとおり、近年での自動車の数値は2010（平成26）年度より、調査方法と集計方法が変更されたため、2009（平成21）年度以前とは連続しなくなっていること、2010（平成22）年度より営業用には軽自動車が含まれるようになっていることに留意する必要がある。なお、軽自動車（排気量660cc以下）はわが国特有のカテゴリーのものである。

表1-1 輸送機関別国内

年度 Fiscal Year	鉄道 Railways						自動車 計 Total		バス 計 Sub Total		営業用 Commercial use	
	計 Total		JR (JR)		民鉄 Private (ex. JR)							
	人数 Pax	人キロ Pax-km	人数 Pax	人キロ Pax-km	人数 Pax	人キロ Pax-km	人数 Pax	人キロ Pax-km	人数 Pax	人キロ Pax-km	人数 Pax	人キロ Pax-km
35 (1960)	60.6	75.8	25.3	51.0	35.3	24.8	38.9	22.8	31.0	18.1	30.5	17.6
40 (1965)	51.3	66.8	21.8	45.5	29.5	21.3	48.3	31.6	34.3	21.0	32.6	19.2
45 (1970)	40.3	49.2	16.1	32.3	24.3	16.9	59.2	48.4	29.1	17.5	25.3	14.0
50 (1975)	38.1	45.6	15.3	30.3	22.8	15.3	61.5	50.8	23.2	15.5	20.1	11.3
55 (1980)	34.8	40.2	13.2	24.7	21.6	15.5	64.8	55.2	19.1	14.1	16.0	9.4
60 (1985)	35.3	38.5	12.9	23.0	22.4	15.5	64.4	57.0	16.3	12.2	13.4	8.3
	(28.2)	(29.8)	(10.7)	(18.3)	(17.4)	(11.5)	(71.6)	(65.7)	(11.0)	(8.5)		
2 (1990)	33.9	35.0	12.9	21.4	21.0	13.5	65.8	59.8	13.2	10.0	10.4	7.0
	(26.9)	(28.8)	(10.7)	(17.9)	(16.2)	(10.9)	(72.8)	(66.1)	(9.1)	(7.0)		
7 (1995)	33.2	34.0	13.2	21.2	20.0	12.8	66.5	60.0	11.2	8.3	8.8	6.3
	(25.6)	(27.1)	(10.2)	(17.0)	(15.3)	(10.1)	(74.2)	(67.0)	(7.8)	(6.1)		
12 (2000)	32.1	32.1	12.9	20.1	19.2	12.0	67.6	60.9	9.8	7.3	7.5	5.8
	(25.1)	(27.0)	(10.0)	(16.9)	(15.1)	(10.1)	(74.7)	(67.0)	(7.5)	(6.1)		
13 (2001)	31.7	32.1	12.6	20.1	19.1	12.0	68.0	60.8	9.5	7.2	7.2	5.8
	(24.6)	(26.8)	(9.9)	(16.8)	(14.8)	(10.0)	(75.2)	(67.0)	(7.2)	(6.0)		
14 (2002)	31.3	31.9	12.5	20.0	18.8	11.9	68.4	60.7	9.2	7.2	7.0	5.9
	(24.8)	(27.0)	(9.8)	(16.9)	(14.9)	(10.1)	(75.0)	(66.9)	(7.0)	(6.1)		
15 (2003)	31.8	32.3	12.6	20.2	19.2	12.1	67.9	60.4	9.1	7.3	6.9	6.0
	(24.7)	(27.2)	(9.8)	(17.1)	(14.9)	(10.1)	(75.1)	(66.8)	(6.8)	(6.1)		
16 (2004)	32.0	32.7	12.7	20.6	19.3	12.2	67.7	60.0	8.9	7.3	6.8	6.1
	(24.9)	(27.7)	(9.9)	(17.4)	(15.1)	(10.3)	(74.8)	(66.1)	(6.7)	(6.2)		
17 (2005)	32.5	33.6	12.8	21.1	19.6	12.5	67.2	59.0	8.7	7.6	6.7	6.2
	(25.2)	(28.2)	(9.9)	(17.7)	(15.2)	(10.5)	(74.6)	(65.4)	(6.7)	(6.3)		
18 (2006)	33.1	34.4	13.1	21.6	20.1	12.7	66.6	57.9	8.8	7.7	6.8	6.3
	(25.4)	(28.7)	(10.0)	(18.1)	(15.4)	(10.6)	(74.4)	(65.1)	(6.6)	(6.3)		
19 (2007)	33.7	35.2	13.3	22.1	20.4	13.0	66.0	57.2	8.8	7.7	6.7	6.2
	(25.5)	(29.0)	(10.0)	(18.2)	(15.6)	(10.8)	(74.2)	(64.9)	(6.6)	(6.4)		
20 (2008)	34.2	35.7	13.4	22.4	20.8	13.3	65.5	56.8	8.8	7.9	6.9	6.5
	(25.4)	(28.7)	(9.9)	(17.8)	(15.5)	(10.9)	(74.4)	(65.6)	(6.4)	(6.4)	(0.0)	(0.0)
21 (2009)	34.3	35.7	13.3	22.1	20.9	13.6	65.5	57.2	8.6	7.9	6.8	6.5
22 (2010)	r78.4	71.8	30.3	44.6	47.6	27.2	21.5	14.2	15.3	12.8	15.3	12.8
23 (2011)	78.4	72.7	30.6	45.5	47.8	27.3	21.0	13.6	26.7	12.3	15.3	12.3

資料 国土交通省総合政策局情報政策本部情報政策課

注1:平成2年度から平成21年度までの上段( )内は、軽自動車及び自家用貨物車を含む数値である。
　　ただし、自家用貨物車の上段( )内は軽自動車のみの数値であり、下段( )内は登録車のみの数値である。
注2:国鉄の61年度は、JR各社が発足した62年4月以降に整合する接続値である。

1　終戦直後の交通機関を取り巻く状況　11

旅客輸送分担率

(単位：％ (Unit：Percent) Pax＝Passenger)

Motor vehicles														
Buses		乗用車 Passenger Cars						自家用貨物車 Truck for Private use		旅客船 Maritime		航　空 Aviation	
自家用 Private use		計 Sub Total		営業用 Commercial use		自家用 Private use							
人数 Pax	人キロ Pax-km	人数 Pax	人キロ Pax-km	人数 Pax	人キロ Pax-km	人数 Pax	人キロ Pax-km	人数 Pax	人キロ Pax-km	人数 Pax	人キロ Pax-km	人数 Pax	人キロ Pax-km
0.6	0.5	7.9	4.7	5.9	2.1	2.0	2.6	…	…	0.5	1.1	0.0	0.3
1.7	1.8	14.0	10.6	8.5	2.9	5.5	7.7	…	…	0.4	0.9	0.0	0.8
3.8	3.5	30.1	30.9	10.6	3.3	19.5	27.6	…	…	0.4	0.8	0.0	1.6
3.1	4.2	38.3	35.3	7.0	2.2	31.3	33.1	…	…	0.4	1.0	0.1	2.7
8.1	4.7	45.7	41.1	6.6	2.1	39.1	39.0	…	…	0.3	0.8	0.1	3.8
2.9	4.0	48.1	44.8	6.0	1.8	42.0	43.0	…	…	0.3	0.7	0.1	3.9
		(46.5)	(44.3)			(42.3)	(43.1)	(9.7)	(7.1)	(0.2)	(0.5)	(0.1)	(4.0)
2.8	3.0	52.6	49.8	5.0	1.4	47.6	48.4	(5.3)	(6.7)	0.3	0.6	0.1	4.7
		(51.2)	(47.9)			(47.9)	(46.9)	(8.9)	(5.9)	(0.2)	(0.4)	(0.1)	(4.7)
2.4	2.0	55.3	51.7	4.0	1.2	51.3	50.6	(4.6)	(6.3)	0.2	0.5	0.1	5.5
		(56.6)	(52.2)			(53.7)	(51.4)	(6.8)	(4.5)	(0.1)	(0.3)	(0.1)	(5.6)
2.3	1.5	57.8	53.6	3.6	1.0	54.1	52.6	(2.9)	(4.2)	0.2	0.4	0.1	6.6
		(57.8)	(52.8)			(55.1)	(52.0)	(6.5)	(4.2)	(0.1)	(0.3)	(0.1)	(5.7)
2.3	1.4	58.5	53.7	3.4	1.0	55.1	52.7	(2.8)	(3.9)	0.2	0.3	0.1	6.8
		(58.8)	(53.1)			(56.1)	(52.2)	(6.3)	(4.1)	(0.1)	(0.3)	(0.1)	(5.9)
2.2	1.3	59.2	53.5	3.5	1.0	55.7	52.5	(2.8)	(3.8)	0.2	0.3	0.1	7.0
		(58.9)	(52.9)			(56.3)	(52.1)	(6.3)	(4.1)	(0.1)	(0.3)	(0.1)	(5.8)
2.1	1.3	58.8	53.1	3.4	1.0	55.4	52.1	(2.7)	(3.8)	0.2	0.3	0.1	7.0
		(59.5)	(52.9)			(57.0)	(52.1)	(6.2)	(4.1)	(0.1)	(0.3)	(0.1)	(5.8)
2.0	1.3	58.8	52.7	3.3	1.0	55.5	51.7	(3.3)	(4.4)	0.1	0.3	0.1	7.0
		(59.8)	(52.3)			(57.3)	(51.4)	(6.0)	(4.1)	(0.1)	(0.3)	(0.1)	(5.9)
2.0	1.3	58.5	51.4	3.3	1.0	55.2	50.4	(3.1)	(4.3)	0.2	0.3	0.1	7.1
		(59.7)	(51.6)			(57.2)	(50.8)	(5.9)	(4.1)	(0.1)	(0.3)	(0.1)	(6.1)
2.0	1.4	57.8	50.2	3.3	1.0	54.5	49.2	(3.0)	(4.2)	0.1	0.3	0.1	7.4
		(59.7)	(51.3)			(57.4)	(50.5)	(5.8)	(4.0)	(0.1)	(0.3)	(0.1)	(6.0)
2.1	1.5	57.2	49.5	3.2	1.0	54.0	48.5	3.0	4.2	0.1	0.3	0.1	7.3
		(59.8)	(51.1)			(57.6)	(50.4)	(5.7)	(4.0)	(0.1)	(0.3)	(0.1)	(5.8)
2.0	1.5	56.7	48.8	3.0	0.9	53.7	47.9	(2.8)	(4.1)	0.1	0.3	0.1	7.2
(0.0)	(0.0)	(60.5)	(51.9)	(0.0)	(0.0)	(58.4)	(51.2)	(5.5)	(4.0)	(0.1)	(0.2)	(0.1)	(5.5)
1.9	1.5	56.8	49.3	2.9	0.9	53.9	48.4	(2.7)	(4.0)	0.1	0.3	0.1	6.8
…	…	6.1	1.4	6.1	1.4	…	…	…	…	0.3	0.5	0.3	13.5
…	…	5.7	1.3	5.7	1.3	…	…	…	…	0.3	0.6	0.3	13.1

'05まで（陸運統計要覧）、'06から（交通関係統計資料集）、同交通統計室（自動車輸送統計年報）

注3：平成6年度の自動車の数値には、平成7年1～3月の兵庫県の数値（営業用バス等を除く）を含まない。

出典：『交通経済統計要覧　平成24年版』

表1-2　輸送機関別国内

年度 Fiscal Year	鉄道 Railways					
	計 Total		JR (JR)		民鉄 Private (ex. JR)	
	トン数 (A)	トンキロ (B)	トン数 (A)	トンキロ (B)	トン数 (A)	トンキロ (B)
35(1960)	15.5	39.2	12.7	38.6	2.8	0.7
40(1965)	9.6	30.7	7.6	30.3	2.0	0.5
45(1970)	4.9	18.1	3.8	17.8	1.1	0.3
50(1975)	3.7	13.1	2.8	12.9	0.8	0.2
55(1980)	2.8	8.6	2.0	8.4	0.8	0.2
60(1985)	1.8	5.1	1.2	5.0	0.5	0.1
2(1990)	1.3	5.0	0.9	4.9	0.4	0.1
7(1995)	1.2	4.5	0.8	4.4	0.4	0.1
	(0.9)	(3.8)	(0.6)	(3.8)	(0.3)	(0.0)
12(2000)	1.0	3.8	0.6	3.8	0.3	0.0
	(1.0)	(3.8)	(0.6)	(3.8)	(0.3)	(0.0)
13(2001)	1.0	3.8	0.6	3.8	0.3	0.0
	(1.0)	(3.9)	(0.6)	(3.8)	(0.3)	(0.0)
14(2002)	1.0	3.9	0.7	3.8	0.3	0.0
	(0.9)	(4.0)	(0.7)	(4.0)	(0.3)	(0.0)
15(2003)	1.0	4.1	0.7	4.0	0.3	0.0
	(0.9)	(3.9)	(0.7)	(3.9)	(0.3)	(0.0)
16(2004)	1.0	4.0	0.7	3.9	0.3	0.0
	(1.0)	(4.0)	(0.7)	(4.0)	(0.3)	(0.0)
17(2005)	1.0	4.0	0.7	4.0	0.3	0.0
	(1.0)	(4.0)	(0.7)	(4.0)	(0.3)	(0.0)
18(2006)	1.0	4.0	0.7	4.0	0.3	0.0
	(0.9)	(4.0)	(0.7)	(4.0)	(0.3)	(0.0)
19(2007)	1.0	4.0	0.7	4.0	0.3	0.0
	(0.9)	(4.0)	(0.6)	(4.0)	(0.3)	(0.0)
20(2008)	0.9	4.3	0.7	4.3	0.3	0.0
	(0.9)	(3.9)	(0.6)	(3.9)	(0.3)	(0.0)
21(2009)	0.9	3.9	0.7	3.9	0.3	0.0
22(2010)	0.9	3.9	0.6	4.5	0.3	0.0
23(2011)	0.8	4.6	…	…	…	…
資料	国土交通省総合政策局情報政策本部情報政策課（鉄道輸送統計年報、					

注1：航空は、定期航空運送事業及び不定期航空運送事業に係る輸送の合計である。
注2：平成12年度から平成21年度までの上段（　）内は、軽自動車を含む数値である。
　　平成22年度以降は営業用軽自動車を含む数値のみ。
注3：鉄道のJRは、61年度まで無賃・有賃を含み、62年度以降は有賃のみ。
注4：平成6年度の自動車の数値には、平成7年1月～3月の兵庫県の数値を含まない。
注5：自動車の数値は平成22年度より、調査方法及び集計方法が変更され、21年度以前とは連続しない。
　　なお、22年度より営業用には軽自動車を含む。
注6：平成22、23年度の自動車の数値には、東日本大震災の影響により、北海道及び東北運輸局管内の23年3、4月分の数値を含まない。

貨物輸送分担率

(単位:％ (Unit:Percent(A)-ton, (B)-Tonkms))

自動車 Motor vehicles						内航海運 Coastal Shipping		航空 Aviation	
計 Total		営業用 Commercial use		自家用 Private use					
トン数 (A)	トンキロ (B)	トン数 (A)	トンキロ (B)	トン数 (A)	トンキロ (B)	トン数 (A)	トンキロ (B)	トン数 (A)	トンキロ (B)
75.4	14.9	24.8	6.9	50.6	8.0	9.1	45.8	0.0	0.0
83.5	26.0	25.3	12.0	58.2	14.0	6.8	43.3	0.0	0.0
88.0	38.9	21.2	19.2	66.8	19.5	7.2	43.1	0.0	0.0
87.3	36.0	24.9	19.2	62.5	16.8	9.0	50.9	0.0	0.0
88.9	40.7	27.8	23.6	61.1	17.2	8.4	50.6	0.0	0.1
90.2	47.4	33.8	31.6	56.4	15.8	8.1	47.4	0.0	0.1
90.0	50.0	36.4	35.6	53.6	14.4	8.7	44.9	0.0	0.1
90.3	52.5	40.6	40.0	49.8	12.5	8.5	42.8	0.0	0.2
(90.6)	(54.2)	(46.0)	(44.2)	(44.6)	(10.0)	(8.4)	(41.8)	(0.0)	(0.2)
90.4	54.0	46.8	44.3	43.6	9.7	8.6	42.0	0.0	0.2
(90.6)	(53.9)	(47.1)	(44.7)	(43.5)	(9.2)	(8.4)	(42.1)	(0.0)	(0.2)
90.4	53.8	47.9	44.8	42.5	9.0	8.6	42.2	0.0	0.2
(90.6)	(54.7)	(48.0)	(46.0)	(42.6)	(8.7)	(8.4)	(41.3)	(0.0)	(0.2)
90.4	54.5	48.9	46.0	41.5	8.5	8.6	41.4	0.0	0.2
(91.3)	(57.1)	(49.6)	(48.7)	(41.7)	(8.4)	(7.8)	(38.7)	(0.0)	(0.2)
91.1	56.9	50.5	48.7	40.6	8.2	7.8	38.8	0.0	0.2
(91.1)	(57.5)	(50.9)	(49.5)	(40.3)	(8.0)	(7.9)	(38.4)	(0.0)	(0.2)
90.9	57.3	51.9	49.6	39.1	7.8	8.1	38.5	0.0	0.2
(91.2)	(58.6)	(52.5)	(51.1)	(38.7)	(7.5)	(7.8)	(37.2)	(0.0)	(0.2)
91.0	58.6	53.6	51.1	37.4	7.5	8.0	37.2	0.0	0.2
(91.4)	(59.9)	(53.3)	(52.2)	(38.0)	(7.7)	(7.7)	(35.9)	(0.0)	(0.2)
91.1	59.7	54.5	52.3	36.6	7.4	7.9	36.1	0.0	0.2
(91.4)	(60.9)	(54.3)	(53.3)	(37.2)	(7.7)	(7.6)	(34.9)	(0.0)	(0.2)
91.2	60.8	55.4	53.4	35.9	7.4	7.8	35.0	0.0	0.2
(91.7)	(62.1)	(54.6)	(54.3)	(37.1)	(7.8)	(7.4)	(33.7)	(0.0)	(0.2)
91.5	58.9	55.7	58.8	35.8	8.2	7.6	36.5	0.0	0.2
(92.4)	(63.9)	(55.7)	(56.0)	(36.7)	(7.9)	(6.7)	(32.0)	(0.0)	(0.2)
92.2	63.8	56.9	56.1	35.3	7.7	6.9	32.1	0.0	0.2
91.6	55.0	62.7	47.7	28.8	6.7	7.5	40.2	0.0	0.2
91.8	54.1	64.4	47.4	27.4	6.7	7.4	41.0	0.0	0.2

内航船舶輸送統計年報、自動車輸送統計年報、航空輸送統計年報)

注7:鉄道は平成23年度より、JR、民鉄ともに公表値がない。
出典:『交通経済統計要覧 平成24年版』

されることが多い。同計画の重点施策課題では、産業構造の高度化、貿易と国際経済協力の推進、人的能力の向上と科学技術の振興、二重構造の緩和と社会的安定の諸項目とともに、社会資本の充実が掲げられた。

「国民所得倍増計画」とほぼ時を同じにした「全国総合開発計画（全総）」（目標年次：1960（昭和45）年）では、拠点開発構想の下に交通・通信の強化が謳われた。経済企画庁（当時）総合計画局により、「国民所得倍増計画および全国総合開発計画」での交通部門の計画が「総合的交通体系」と名付けられ（1961（昭和36）年）、わが国における総合交通体系（政策）論の萌芽となった。総合交通体系（政策）については第2章で論ずるが、そこでの検討の準備の意味を込めて、経済企画庁総合計画局の挙げた総合的交通体系での基本的考え方としての7項目の趣旨を辿っておこう。

①交通体系の技術革新を促進し、発達の立ち遅れている各交通機関の輸送力を急速に増大するとともに、近代化を図って合理的交通分業関係を創出すべきである。

②交通機関の利用者たる国民の将来の需要の質と量を考慮して、利用者の立場に立って合理的に樹立することが従来以上に必要であり、交通需要者は、各種交通機関の提供するサービスを、その内容と対価を考慮しつつ任意に選択利用し得る状態におかれるべきである。

③交通業は一般的に公共性の強い業種であり、公共の利益のためにある程度の規制を受けることはやむをえない。また、交通業相互間の協調も利用者の利益に役立つ場合は必要で、各種交通機関の提供するサービスをめぐっての公正競争を阻害してはならない。公正競争は交通供給力の伸長とサービスの向上をもたらす。同時に輸送目的に応じ、それぞれの特質を活かして協同輸送を有利とするものについては、連帯運輸等各交通機関の連携、協調も助長する必要がある。

④交通企業は、自らの資本を調達し、経費をまかなうための自立採算性が尊重されるべきである。原則として、交通サービスの対価たる運賃は、適正運賃であり原価を償いうるものでなければならない。原価は、経費を支払い、償却をし、再生産のための新投資を自己の蓄積から行えるものであることが望ましい。

⑤交通投資は、将来の交通体系の構造的発展を促進するような政策が採用されるべきで、輸送需要の構造変化に応じ、交通機関のライフサイクルの発展を考慮すべきである。

⑥交通可動施設（自動車、車両、船舶、航空機）の輸送力増加と、固定施設（道路、港湾、空港等）の整備の均衡を常に図る。とくに固定施設は、懐妊期間の長いことと長期規定性のゆえに一定計画のもと先行投資が必要である。
⑦将来の輸送需要に応ずる各部門の交通投資政策は、投資効果をただちに発揮する合理的なものでなければならず、地域的エゴイズム、官庁エゴイズム、党利党略の影響から解放されなければならない。かくして総合的交通政策が初めて合理的に樹立される。

しかし、上記「総合的交通体系」のどこにも「総合的」が何を意味するのかが述べられていないが、7項目の中には10年後の運輸政策審議会答申での基本思想への影響を読み取ることはできるのである（第2章　3－1参照）。

終戦後10数年を経ても、わが国交通機関、交通インフラの整備は未だ少なからざる課題を抱えていたのである。実際問題として、「総合的交通体系」が策定された当時のわが国の交通分野では、1956（昭和31）年度の『経済白書』が「もはや戦後ではない」と綴ったにもかかわらず、依然として高速道路延長はゼロに代表されるように道路の整備は大きく遅れており、鉄道（国鉄）の輸送力不足、港湾、空港の整備の立ち遅れで、交通施設の絶対的容量は不足していた。経済計画、国土計画ではこのことへの対応の必要性が切実に迫られていたのである。

以下、第2次世界大戦後の大きなトピックとされる交通に関する事象、政策を中心にモード別に振り返っておこう。なお、戦後から昭和末期までの交通政策については、運輸経済研究センター『戦後日本の交通政策―戦後における我が国の交通政策に関する調査研究―』（1990年3月）で体系的かつ網羅的に整理・記述されているので、詳細は同書に譲り、ここでは復興への手がかりとなった主要な政策等に限ることとしたい。また、陸上交通政策を主題とする本書の性格上、第2章以下では扱うことのない航空政策、海運政策についても、戦後復興を語る上では欠かすことのできない代表的なものを手短に紹介することとする。

2　陸上交通政策の動向

2－1　鉄道政策

　わが国最初の鉄道輸送サービスとして、品川〜横浜間で仮開業、新橋〜横浜間で本開業したのはそれぞれ1872（明治5）年の6月、10月[4]のことであった。英国ではすでに1825年にストックトン〜ダーリントン間で初めての蒸気鉄道が開業していたので、これにおよそ半世紀遅れでの出発であった。わが国での開業当時は工部省鉄道局の直営方式であった。工部省に鉄道寮（その後鉄道局）が設置されたのは1871（明治4）年8月のことであり、工部省は1885（明治18）年12月に廃止され、鉄道局は内閣直轄となった。鉄道局は1890（明治23）年6月に逓信省に移管、1893（明治26）年11月には再び鉄道局への改称といった鉄道行政での組織の改編があった。なお、公社国鉄となるまでの行政組織であった鉄道省は1920（大正9）年5月に設置された。

　鉄道省による直営方式は1949（昭和24）年6月に公社方式に、1987（昭和62）年4月からは民営方式に形態を変えているが、これは（旧）国鉄についての事柄であり、わが国では民鉄が旅客輸送において欧米諸国にはみられないほどに大きな役割を演じてきたことが忘れられてはならない。1906（明治39）年3月に鉄道国有法が公布され、10年間で17私鉄（日本、山陽、九州など総延長4,800km）の買収が計画されたが、その買収は早くも1907（明治40）年10月には完了した。しかし、それ以降も大都市を中心とする都市鉄道サービスで民鉄の担う役割は大きかったし、現在も大きいのがわが国の鉄道旅客輸送の特徴となっている。

　国鉄の歴史では、光と陰を同時に記録した1964（昭和39）年が象徴的である。アジア初としてのオリンピック・パラリンピックが東京で開かれることを機に、容量不足に直面していた東海道で、従来方式を抜本的に変えるものとしての新幹線が開業したのが1964（昭和39）年10月1日であった。東海道

---

　[4]　最初に開業した10月14日を記念して、1994（平成6）年から同日は「鉄道の日」とされている。

新幹線はその後の国鉄、改革後のJR東海の稼ぎ頭となっているが、その1964（昭和39）年度は国鉄が単年度赤字に転落した年でもあった。東海道新幹線開業をいわば光とすれば、赤字転落は陰ともいわれるべきものであり、両者が同じ年であったのはいささか皮肉なことでもあった。その1年前の1963（昭和38）年7月にはわが国最初の高速道路である名神の栗東〜尼崎間での供用が開始され、高速道路時代の到来が想定されていた時でもあった。国鉄としては、全国経営の規模縮小の選択肢も検討せねばならなかったところ、政治は1964（昭和39）年3月に日本鉄道建設公団を設立し、鉄道サービス拡大再建の道を余儀なくさせたのである。1964（昭和39）年度以降、国鉄は一度も黒字転換することなく、37年10カ月の幕を閉じることとなった。この間の経緯は、国鉄改革として第3章で論ずることとする。

2−2 道路政策

わが国の道路政策の基本法は道路法で、そこでは道路の意義、種別、管理主体及び道路の建設から廃止に至る手続き、道路の占用、道路の管理に必要な費用負担等が規定されている。（旧）道路法は1919（大正8）年に公布され、新法公布となったのは戦後の1952（昭和27）年6月10日であった。道路法での基本体系は、道路は公のものとして国が責任を持っていくとのものであり、ここから無料公開の原則が読み取られている。無料公開の原則は明文化されている訳ではなく、1960年代以降に本格的に登場する有料道路は例外的措置とされているのである。

わが国道路政策の二本柱（両輪）は1952（昭和27）年6月の道路整備特別措置法による有料道路制度と、1953（昭和28）年7月の道路整備費の財源等に関する臨時措置法による道路特定財源制度である。わが国の道路整備はこの二本柱によって着実に進められたのであるが、今日ではそこに大きな変革がもたらされている。前者の有料道路の整備、運営主体の改革については第4章で、後者の道路特定財源の一般財源化は第5章で論ずることとする。

戦後のわが国での道路整備がいかに遅れていたのかを端的に示すものとしては、ワトキンス・レポートでの指摘がある。建設省（当時）の要請で、名

古屋～神戸間の高速道路の経済的・技術的調査のため、ラルフ・ワトキンス団長をはじめとする米国の専門家チームが来日したのは1956（昭和31）年5月19日であった。同調査団は極めて短期間で調査結果をまとめ、同年8月8日には報告書[5]を提出した。通称ワトキンス・レポートを呼ばれるもので、その内容は質的にも高い水準となっており、わが国道路政策の貴重な指針ともなった。同レポートの冒頭に、道路関係者にとっては有名な

> The roads of Japan are incredibly bad. No other industrial nation has so completely neglected its highway system.
> （日本の道路は信じ難い程悪い。工業国にしてこれほど完全にその道路網を無視した国は日本のほかにない。）

の一文が記されていることに、戦後10年を経過してもなお道路整備が進んでいなかったことが象徴されている。

　ワトキンス・レポートをベースに世界銀行からの借款を得て、わが国での高速道路の建設は公団方式で着手された。代表的には1956（昭和31）年4月に設立された日本道路公団による名神高速道路が全通したのが1965（昭和40）年7月1日、東名高速道路は1969（昭和44）年5月26日の全通となった。

　料金徴収を可能とする道路整備特別措置法が1956（昭和31）年3月に新法になったことを受けて設立された日本道路公団に続き、1959（昭和34）年6月には首都高速道路公団、1962（昭和37）年5月に阪神高速道路公団、1970（昭和45）年7月に本州四国連絡橋公団が設立されたが、これら道路関係四公団は2005（平成17）年10月に民営化された。道路公社としては、1970（昭和45）年9月に名古屋高速道路公社、1971（昭和46）年11月に福岡・北九州高速道路公社、1997（平成9）年6月に広島高速道路公社が設立されている。

　有料道路の建設、運営主体としてはこの他に地方公共団体、地方道路公社、民間企業がこれに当たっている。なお、道路整備特別措置法に基づく有

---

[5] 同報告書は　ワトキンス・レポート45周年記念編集委員会編『ワトキンス調査団名古屋・神戸間高速道路調査報告書』（2001年11月、勁草書房）として、関連資料を含めた形で復刊されている。

料道路の種類には高速自動車国道、都市高速道路（首都高速道路、阪神高速道路、指定都市高速道路）、本州四国連絡道路、一般有料道路（高速道路会社、地方道路公社の建設・管理する一般有料道路、地方公共団体（都道府県または市町村）である道路管理者の建設・管理する一般有料道路、道路附属物駐車場）があり、それ以外では道路法第25条に基づく有料橋及び渡船施設（フェリー）、道路運送法に基づく一般自動車道、自然公園法に基づく道路等がある。

道路特定財源を原資とした道路整備五箇年計画は1954（昭和29）年からの第1次計画から第12次計画まで、その後社会資本整備重点計画に引き継がれたが、その財源となる社会資本整備事業特別会計（道路勘定）は2014（平成26）年度で廃止となり、一般財源での整備となった。

3　航空政策──航空憲法（45・47体制）とその廃止──

3−1　民間航空輸送の再開

第2次世界大戦の終結後の1945（昭和20）年11月、GHQはわが国の民間航空の全面禁止に関する命令を出し、本邦航空企業は輸送活動自体を行うことができなくなった。1950（昭和25）年6月になって、GHQの覚書により、国内航空運送事業が運営許可となり、翌1951（昭和26）年1月に日本資本による国内航空運送事業が許可された。同年10月に（旧）日本航空はノースウェスト航空に運航委託することで、戦後初の国内民間航空運送の営業を開始するに至った[6]。（旧）日本航空による自主運行の開始は1952（昭和27）年の10月と、運航委託から1年遅れのことであった。（新）日本航空が特殊法人として設立されたのはさらに1年後の1953（昭和28）年10月のことであった[7]。わが国民間航空が初の国際線（サンフランシスコ線）を開設したのは1954（昭和29）年2月と、敗戦からほぼ10年後のことであった。

---

[6]　戦後初の国内民間航空営業開始日である10月25日を、航空業界では「民間航空の日」と呼んでいる。

[7]　政府出資の特殊会社を（旧）日本航空、同社の解散後特殊法人として設立された会社を（新）日本航空と呼んだ。

特殊法人の日本航空は1987（昭和62）年11月に完全民営化、日本エアシステムとの合併後の2010（平成22）年1月には経営破綻、会社更生法適用申請となったが、企業再生支援機構の管理下での再建計画により、現在では株式会社として復活している。

3－2　国内航空2社体制構想

民間航空再開後、わが国でも多数の航空会社が発足した。主要航空運送事業者の歩みは図1－1に示すとおりであるが、そこには合従連衡の少なからざる変遷がみられる。昭和30年代では日本航空（JAL）と全日本空輸（ANA）が2大航空企業であった。1952（昭和27）年11月の航空審議会答申での国内2ブロック、各ブロックに1社という方針からのものである。この国内2社体制を維持、すなわち国内航空をJALに、東亜航空をANAに合併させようというのが、当時の航空業界、政府の方針であった。JALと国内航空は1966（昭和41）年6月には一体化の覚え書きに調印、1971（昭和46）年4月頃までに合併という目標時期も明示されたほどであった。

しかし、昭和40年代半ばに行政の大きな政策変更があった。国民所得倍増計画等による航空需要の増大の中で、3社体制でもよいのではとの思惑も絡み、国内航空と東亜航空を合併、3社体制にしようというものであった。当時航空行政の中枢にいた住田正二氏は、そこには不純な動機があり、その背景には立ち直った国内航空をJAL、つまり国に召しあげられてたまるかという勢力のあったこと、3社体制にして事業分野への規制を行おうとしたことは、後のロッキード事件の温床になった、と綴っている[8]。結果として、1971（昭和46）年5月に自民党航空対策懇談会は「航空行政に関する基本方針」で、新たな枠組み作りの方針を決定、2社体制構想から3社体制への移行ということになり、その後はJAL、ANA、TDA（東亜国内航空、1971（昭和46）年5月に東亜航空と国内航空の合併により設立）の大手3社体制が続くこととなった。しかし、TDA、その後の社名変更による日本エアシステム

---

[8] 住田正二『役人につけるクスリ』（1997年3月、朝日新聞社、その後1999年4月に朝日文庫）

3 航空政策 21

図1-1 主要航空運送事業者の歩み

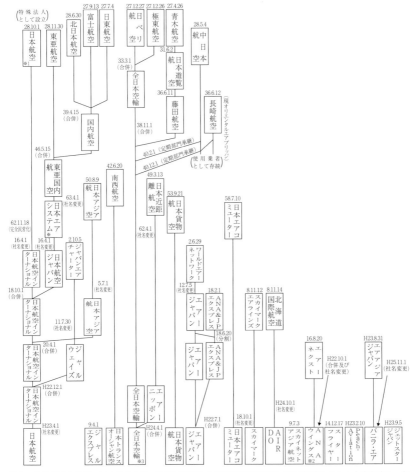

※1 日本航空と日本エアシステムは、平成14年10月2日に共同持株会社「日本航空システム」を設立し、経営統合。平成16年6月26日「日本航空システム」から「日本航空」へ社名変更。
※2 平成22年10月1日、「エアーニッポンネットワーク」を存続会社として「エアーネクスト」、「エアーセントラル」と合併するとともに「ANAウイングス」に社名変更。
※3 平成25年4月1日付けで全日本空輸㈱を吸収分割し、継承会社ANAホールディングス㈱（平成24年4月2日設立）に航空法上の地位を継承することで持株会社制へ移行するとともに、同日付けで「ANAホールディングス㈱」は「全日本空輸㈱」に、「全日本空輸㈱」は「ANAホールディングス㈱」に社名変更。

出典：『数字で見る航空　2014』

（JAS）は2002（平成14）年10月にJALとの経営統合となり、再び主要2社体制となったのは歴史の偶然とはいえないものであろう。

3－3　航空憲法（45・47体制）とその廃止

　航空企業の再編にみられるように、航空市場には政府介入が行われていた。市場介入の代表的なものとして、航空企業の事業分野に厳しい規制が課されていたことが挙げられる。昭和45（1970）年11月、昭和47（1972）年7月の「航空企業の運営体制について」の閣議了解、大臣通達で、航空企業間の過当競争を排除し、その共存共栄を図る観点から、各社の事業分野は次のように規定された。それは

　　JAL：国際線（原則として一元的運営）及び国内幹線
　　ANA：国内幹線及びローカル線、近距離国際チャーター
　　TDA：国内ローカル線及び幹線

というものであった。

　閣議了解、大臣通達での文言の中で、その排除が目的とされた「過当競争」とはいかなるものを意味するのかに対する経済学的吟味の必要性は残るが、実態としては、国内幹線は札幌、東京（新東京→成田を含む）、大阪、福岡、那覇の各空港を結ぶ路線、それ以外をローカル線とし、前者にはJALとANA、一部路線にTDAが、後者にはANAとTDAの就航とされた。ANAの事業分野とされた近距離国際チャーターには厳密な定義がなく、後の航空憲法論争の発端のひとつとなった。昭和45（1970）年11月の閣議了解では、国内航空及び東亜航空が円滑かつ可及的速やかに合併し、新会社を設立することを促進する、とされており、これに基づき昭和46（1971）年5月に東亜国内航空が設立された。

　上記事業分野の規定は閣議了解が行われた昭和45年、大臣通達が出された昭和47年の元号から45・47体制と呼ばれ、これを順守しなければならないということから航空憲法ともいわれるようになった。45・47体制は10数年にわたって続くことになったのである。

昭和50年代後半に、ANAのハワイ向けチャーターの申請に伴う近距離国際チャーターの範囲に関する解釈、1984（昭和59）年9月に設立された日本貨物航空（NCA）の国際線（米国路線）就航問題、1985（昭和60）年4月の日米航空協定暫定取り決め等をめぐって、いわゆる航空憲法論争が展開された。国際線はJALの原則一元的運営だが、国際路線であるハワイ便は近距離かつチャーターであれば問題ないのか、近距離とは具体的にどの範囲なのか、旅客便ではなく貨物便（NCA）であればJALの国際線一元的運営の事業分野に抵触しないのかが論じられた。航空憲法に違反するのか、航空憲法自体が実情に合わなくなっているのかが問われたものである。1985（昭和60）年4月の日米航空協定では、NCAの就航が認められるとともに、1985（昭和60）年5月1日から日本～ミクロネシア、日本～米国本土・ハワイに日米双方の新規企業の参入が合意された。その結果、航空憲法は改憲というプロセスを通り越して廃止となったのである。

　このような状況の中で、運輸大臣は1985（昭和60）年9月に運輸政策審議会に対し「我が国航空企業の運営体制の在り方に関する基本方針について」を諮問、同審議会は同年12月に中間答申、翌1986（昭和61）年6月に最終答申を行った。そこでは、①基本的考え方として45・47体制は使命を達成したとの上で、②国際線の複数社化、③JALの完全民営化、④国内線における競争促進施策の推進[9]、⑤安全の確保、⑥航空交通容量の拡大、が提唱され、航空憲法は廃止されることになり（1985（昭和60）年12月の閣議了解）、航空自由化への先駆けとなっていった。

　航空憲法の廃止後、航空分野では新規航空会社の誕生（消滅も含む）、内外のLCC（格安航空会社）の就航、国際航空におけるオープンスカイ政策の推進、会社管理空港である成田国際、国管理空港である東京国際（羽田）の首都圏拠点空港の容量拡大、さらには空港の運営権の民間への譲渡といった政

9）　いわゆるダブル・トリプルトラック化（1路線2社運航・3社運航）といわれるもので、その基準は当初年間需要によっていたが、1992（平成4）年にはその基準も廃止された。

策が進められている。

　なお、岡野は航空交通分野にも少なからざる関心を寄せており、研究会等での口頭の会話では多くを語っていたが、鉄道、道路の陸上交通分野に比べれば、発表論文は量的には限られていた。代表的な主要論文として

「航空輸送の役割とその評価―交通の「公共性」に関して―」、『日交研シリーズ　A-20』（1974年11月、日本交通政策研究会）
「航空輸送市場」、木村秀政・増井健一編『日本の航空輸送』第2章（1979年8月、東洋経済新報社）
「国際都市のハブ機能」、『季刊　おおぞら』（1985年7月号、日本航空）
「航空行政と企業―規制緩和と企業の活性化―」、『季刊　航空と文化』（1986年1月号、航空協会）
「国内航空市場の成長は可能か」、『季刊　おおぞら』（1986年夏号、日本航空）
「21世紀に向けての交通政策の課題（下）　関西国際空港開港にあたって」、『公明』（1995年1月号）

等を示しておく。

4　海運政策──海運集約とその後──

4－1　海運自由の原則

　島国であるという地形的な特色から、わが国にとって海運は重要な交通手段である。その重要性を国民にアピールするため、1876（明治9）年に明治天皇が東北・北海道の巡幸から明治丸で横浜港に還幸された7月20日を「海の記念日」（1941（昭和16）年より）としていた。「海の記念日」は1996（平成8）年より、海の恩恵に感謝するとともに、海洋国家日本の繁栄を願う「海の日」として祝日とされた。現時点では、各種交通手段に関連する中では唯一の祝日となっている。

　伝統的に、海運の世界には「海運事業に対する参入の自由を保証し、海上輸送に関して政府の介入による自国商船隊や自国籍船での輸送を優先させることなく、海運企業や輸送船舶の選択を企業間の自由かつ公正な競争に委ねる」との考えに基づく「海運自由の原則」がある。文字通りに解釈すれば、

海運サービスは市場競争に委ねられ、そこには政府介入の余地はないということになる。とはいえ、従来の『海運白書』(2001 (平成13) 年よりは『海事レポート』)では、上記の解説に加え、「現実には国家安全保障等を口実に政府の介入が行われることが多いことから、これらについても政府の介入を最小限にすることが求められる。」由の一文が添えられていた。少なくとも2008 (平成20) 年まではこのことが確認されるのである。

なお、岡野が海運に関して綴った論文等はほとんど見いだせないが、「海運自由の原則」が標榜されている海運の分野に、市場競争論者としての研究上のインセンティブを感じなかったためではないだろうか。

第2次世界大戦によるわが国船舶の喪失は極めて甚大で、残存船腹量は明治末期の水準に過ぎないまでに落ち込んでいたという実情から、戦災復興のための政策支援が大きな課題とされた。その典型的な対応策が計画造船、利子補給によるわが国外航海運企業の寡占化体制の強化である。

4－2　海運再建整備二法

1961 (昭和36) 年から1970 (昭和45) 年を目標年次とする国民所得倍増計画での高度経済成長達成には国際収支の均衡が不可欠とのことから、大量の外航船舶の建造が必要とされた。わが国船舶の戦時大量喪失、スエズブーム[10]後の長期海運不況による企業基盤の脆弱さから、政府は1963 (昭和38) 年に海運再建整備二法を制定し、海運企業の集約、財政上の優遇措置を講ずることとなった[11]。

海運再建整備二法とは「海運業の再建整備に関する臨時措置法」と「外航船舶建造融資利子補給及び損失保障法及び日本開発銀行 (現　政策投資銀行)

---

10)　スエズブームとは、1954 (昭和29) 年ごろから欧州諸国の農業不作による穀物貿易の増大、異常寒波による暖房用資源の輸送需要の増大といった状況に、1956 (昭和31) 年のスエズ運河封鎖が重なったため、海運は空前の盛り上がりを示したことをいう。その後、1957 (昭和32) 年のスエズ運河の通航再開により船腹バランスが崩れ、市況は長期低迷することとなった。

11)　戦後日本の海運補助政策に関しては海事産業研究所『日本海運戦後助成史』(1967年3月) が事実関係、関連資料を詳細にまとめている。

に関する外航船舶建造融資利子補給臨時措置法の一部を改正する法律」のことで、①わが国海運企業の再建、②国民経済が要請する外航船舶の大量建造の推進という2つの政策目標を達成するためのものであった。具体的には、海運企業に合併、資本支配等で一定の基準に達する集約を行わせ、集約後5年以内に自立計画を確立、自主的な合理化努力を実行すれば、1962（昭和37）年度以内の計画造船に係る利子支払いの5年間猶予、1963（昭和38）年以降の計画造船に対する利子補給の強化を行うというものである。なお、計画造船方式は、1947（昭和22）年5月設立の船舶公団、同年1月設立の復興金融公庫の復興資金を活用して、船舶の共有建造の仕組みを成立させることにより、船舶の建造を計画的に進めるものである。戦災復興とはいえ、外航海運の分野は「海運自由の原則」以前の状態であった。

4－3　中核6社体制とその後

　海運再建整備二法により、当時の外航海運企業の大半である95社が集約に参加し、1964（昭和39）年5月には6グループ、88社体制が確立された。30万G／T以上の所有船、100万G／T以上の船腹支配の中核体の下に、中核体の持ち株比率30％以上の系列会社、同50％以上の専属会社が属し、6グループの寡占体が形成された[12]。6中核体とその主要な傘下企業は

- 日本郵船（日本郵船＋三菱海運）
  　系列会社、専属会社に新和海運等13社
- 大阪商船三井船舶（三井造船＋大阪商船）
  　系列会社、専属会社に第一中央汽船等31社
- 川崎汽船（川崎汽船＋飯野汽船）
  　系列会社、専属会社に飯野海運等15社
- ジャパンライン（日東商船＋大同海運）
  　系列会社、専属会社に日新興業等3社
- 山下新日本汽船（山下汽船＋新日本汽船）

---

[12]　海運集約に参加せず独自路線を歩んだのが三光汽船であるが、同社は2012（平成24）年7月に負債総額1,228億円を抱え、東京地裁に会社更生法を申請することになった。2013（平成25）年10月に更生計画の認可を受け、2014（平成26）年12月に更生手続きが終結し、通常会社として再出発することとなった。

系列会社、専属会社に玉井商船等13社
・昭和海運（日本油槽船＋日産汽船）
　　　系列会社、専属会社に日之出汽船等7社

である。

　中核6社体制は、集約から4半世紀後の1989（平成元）年6月にジャパンラインと山下新日本汽船の合併によるナビックスラインの誕生で5社体制になった。1998（平成10）年10月には日本郵船が昭和海運を吸収合併、1999（平成11）年4月には大阪商船三井船舶とナビックスラインが合併し新社名も商船三井とされた。これで中核3社体制となり、今日の大手外航海運3社といわれる日本郵船、商船三井、川崎汽船の時代となっているのである。寡占体制は一層強化されたが、6社体制の確立は政策主導、5社～3社体制の形成は企業主導のよるものと解釈される。わが国外航海運企業の大手3社体制への再編は図1-2に示すとおりである。

　その後の海運政策では、便宜置籍（船籍をパナマ、リベリア等の便宜置籍国に移すこと、いわゆるフラッギング・アウト）が行われ、日本籍船が減少[13]、日本人船員の減少が続き、法人税制選択のインセンティブ措置であるトン数標準税制（日本籍船の確保、日本人船員の確保育成を条件に、日本籍船に係る利益について、通常の法人税制に代えて、みなし利益課税を選択できる制度）の導入等が講じられているが、課題は決して少なくない。「海運自由の原則」の中での政策が問われるところである。

　また、港湾では諸外国の港湾と比し日本の主要港湾の相対的地位の低下、そのことに伴う国際競争力対策が課題となっている。

---

[13]　日本籍船の隻数のピークは1972（昭和47）年で、1978（昭和53）年には外国用船が日本籍船を上回るようになった。

図1－2　外航海運大手企業再編の流れ

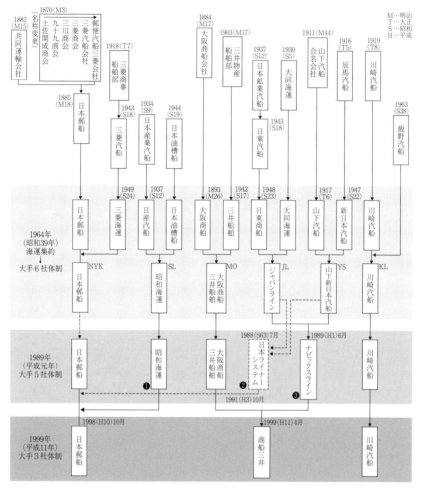

海運企業の動向（6社→5社→3社体制等）

1988（S63）年7月　昭和海運、定期航路部門からの全面撤退（除・中国）上表中の❶
　　　　　　　　　(1)ジャパンライン、山下新日本汽船の折半出資の定期船運航専門会社「日本ライナーシステム」設立（上表中の❷）
　　　　　　　　　(2)ジャパンライン、山下新日本汽船は、定期船部門を分離したため、不定期船部門、タンカー部門の運航会社となる
1989（H1）年6月　上記2社合併し、「ナビックスライン」となる（上表中の❸）
1991（H3）年10月　日本ライナーシステムが日本郵船に吸収合併される
1998（H10）年10月　日本郵船が昭和海運を吸収合併
1999（H11）年4月　大阪商船三井船舶とナビックスライン合併

出典：『日本の海運　SHIPPING NOW　2013～2014〔データ編〕』

第2章
総合交通体系（政策）

1　総合交通体系とは

　従来交通政策は「経済政策の一部として、国家が交通に関連ある諸事業の各方面について樹立し、採用する施設のすべてを指す[1]」とされるのが一般的であった。交通政策の一般的目標ないし理念は「「公共の福祉」を増進するために、交通セクターに投入される資源の最適配分を図り、またその成果の分配の公正を増すことであり、「効率」と「公正」が2大目標である[2]」とされている。この交通政策に「総合」という2文字が付された場合、総合交通政策とは何を意味するのであろうか。「総合」が付されていない交通政策と本質的な違いがあるのだろうか、あるとすればそれはどのようなものであろうか。

　よく使われる用語として、「総合交通政策」と「総合交通体系」が登場する。前者が投資資金、運賃・料金、参入・退出などのソフトウェアを対象とするのに対して、後者は全国的な輸送施設の配置、種類などのハードウェアのインフラストラクチャーを対象とするが、両者に大きな差異はない。[10]したがって、以下の論述では両者を使い分けることはしない。

　そもそも総合交通政策（体系）とは何か、その定義は明確ではない。一般の理解としては、交通に関する様々な問題に対して個別的に対応したのでは

---

[1]　わが国での交通研究の初期の段階、すなわち総合交通体験論が登場するはるか以前に、島田孝一『交通政策』（1942年、千倉書房）で示されたものである。
[2]　戦後における我が国の交通政策に関する研究委員会編『戦後日本の交通政策―戦後における我が国交通政策に関する調査研究―』（1990年3月、運輸経済研究センター）

問題が解決されなかったり、ひとつの問題が解決されても別の問題が生じるので、総合的に対処する必要があると考えられた、というものであろう。
［4］ 1970（昭和45）年に運輸大臣（当時）が運輸政策審議会に行った諮問「総合交通体系のあり方、及びこれを実現するための基本的方策について」では、総合交通体系は「陸海空の各種交通手段を合理的な輸送分担によって組み合わせて高度にシステム化された交通体系」であることが意味されている。

　岡野はこの点について自らの整理を行った。その中での［2］、［6］を中心とした論述に従って、総合交通体系とは何かについての所説を検討してみよう。わが国の総合交通体系の実質的内容は、1920年代以来英国及び米国で使われた co-ordination of transport（ないし integration of transport）と同じである。co-ordination of transport は大別して二つの意味で用いられた。ひとつは異種交通手段を組み合わせて効率的利用（今日の intermodal transport）を意味するもので、もうひとつは一方で補完的であると同時に他方では代替的な関係にある異種交通手段の効率的利用を達成するために、交通手段間の調整を図ることを意味した。通常は第2の意味での co-ordination に関わる政策が問われる。

　ところで研究者たちの co-ordination の理念は、「利用可能な、各々の特性の異なる複数の交通手段を前提にして、交通部門の資源配分を最適にすること」と要約され、所得再分配を考慮しない限り、そこには見解の不一致はないと解釈される。それにもかかわらず、同じ co-ordination の名のもとに、様々な、そしてしばしば正反対の具体的提案が示された。その原因を英国で優れた研究成果を残した W. A. ルイスは、co-ordination の原理と枠組みの論理的な違いが認識されていないからだとする。「2つの産業（交通手段）を co-ordinate することは、①事業者間の私的な合意、②国営化、③自由競争、④合併、⑤交通量を配分する立法、⑥免許制、あるいはその他の方策によっても可能である。これらいずれかの方策について完璧な判定を下すには、co-ordination の目的が何であるのか、2つの産業の間の正しい機能分担を確保するための原則は何かを知っていなければならない。まず第1に coordinationが依拠すべき原則の問題を解決すべきで、枠組みの論議はそれに付随するものである。」と述べている。ルイスのco-ordinationの原理は回避可能な社会的費用（escapable social cost）である。それは「もし、2つの産業（交通手段）が同一のサービスを提供でき、一方が他方よりも低い社会的費用で供給する場合には、社会的費用の大きい方が提供するサービスが優れていても、その価値が費用の差を上回ることがないならば、社会的費用の低い方がサービスを供給すべきである。」という原理である。この極めて簡潔で自明な原理に対しても、二つの異なる主張がなされている。「確立されている産業の収入は、投資された資本に利子を支払うことができるように保護されるべきである。」、「市場で競争するよりは協調して市場を搾取する方が全産業にとって良い。」とのものである。ルイスは前者に対しては、英国の道路交通の免許制限に適用されているのがこの考え方であり、誤りであると批判し、後者に対しては、鉄道、道路輸送の運賃規制の基礎になった、さらに進んで、鉄道事業がトラックやバスの道路輸送を直接にあるいは子会社として運営するという、相互に競争的な異種交通手段の一元的運営の基礎にもなったが、これも誤りであると批判している。このようにco-ordinationの原理が異なれば、異なった具体的政策提案もなされ得るのである。問題は総合交通体系の本来の究極的目標である「交通に関する国民の欲求を満足させるために資源を最も有効に活用する」［2］ということをどのようなプロセスで行うのかという点にある。ルイスの整理、解釈[3]は今日のわが国の総合政策論議を検討する上でも大いに留意する必要があろう。

2　総合交通体系論の背景

2-1　総合交通政策における英国・米国の教訓

1節で眺めたようにco-ordination of transportはすでに1930年代に英国で

---

3) 岡野がしばしば引用・参照しているLewis, W. A.: Overhead Cost、（Allen & Unwin, 1949、chap. 1）は、Munby, D. ed. *Transport*（Penguin Books、1968）にFixed Costとして再録されている。

論じられていた。経済学者の見解が受け入れられた場合と退けられた場合があるが、彼らの意見は英国・米国の総合交通政策論の展開に影響を与えたものと推察される。わが国に先んじて行われていたこれらの政策を振り返っておくことには、わが国での総合交通体系論を評価する上でも十分な意義が見出せるためでもある。

1）英国の場合

第1次世界大戦後、交通問題の中心は鉄道と道路輸送の競争であった。都市間輸送では、不況による鉄道の輸送量減少と道路輸送の鉄道への侵食であり、ロンドンを中心とする大都市輸送はバスによる市街鉄道・地下鉄の侵食での軌道系輸送の経営の悪化であった。

前者に対しては、ソールター委員会の答申（1932年）を基に、1933年に道路・鉄道交通法（Road and Rail Traffic Act）が成立・施行された。同法は

①重量貨物自動車の登録税を道路に与える損傷を償うように引き上げる、
②道路貨物運送事業にA、B、Cの3種類の免許制を導入する、ここで3つの免許は
　　A免許：もっぱら営業として貨物運送を行う（public carrier）車両
　　B免許：自家用運送と制限された範囲での営業運送を行う車両
　　C免許：自家用運送のみを行う車両
　に対して設けられたものである、
③鉄道が道路輸送との競争に対抗できるように運賃規制を緩めて、商品の運送について発送人との間で運賃を協定で決めることができる「協定運賃」を認める、

という内容であった。②の3種類の免許ではA、B免許は厳しく制限され、したがって当該車両数も同法施行後5年には減少した。同法は、重量貨物自動車の課税強化で交通インフラストラクチャーの費用負担の公平化を図るとともに、道路運送業への免許制の導入により、鉄道を道路運送との競争から保護することを意図したものの、より正確には鉄道の保護と同時に既存の比較的規模の大きい道路運送事業者を潜在的な新規参入事業者との競争から保護するものであった[4]。

後者に対しては、1933年の道路・鉄道交通法の後に成立したロンドン旅客

交通法により、道路混雑、バスと地下鉄の co-ordination の促進、地下鉄の資金調達を一挙に解決するために、ロンドンのすべての交通手段を一元的に管理し、全交通手段の運賃収入をプールする組織（London Passenger Transport Board; LPTB）が創設された。この組織は、当時、世界で最も規模の大きい独占体であった。

1933年の競争基盤公平化を図る道路運送に対する課税規制（道路・鉄道交通法）と経営一元化を狙う（ロンドン旅客交通法）両法は目算通りの結果をもたらさなかった。道路・鉄道交通法は、1921年の鉄道法では運賃規制が課せられていたのに対し、自動車貨物運送については参入規制のみで、運賃規制を含んでいなかった。鉄道は競争力強化のために課せられている貨物運賃規制を廃止、自動車貨物運送と同等の条件にすることを求める「square deal（公平な措置）」キャンペーンを実施したが、第2次世界大戦の勃発で成功しなかった。

ここでわが国にとって注目すべきであったのは、鉄道自身に課されていた規制の撤廃・緩和を求めたことである。現実には鉄道への主要な規制の廃止は、保守党政権下での1953年の交通法以降まで実現しなかった。他方のロンドン旅客交通法での経営の一元化は労働党政権下の1947年交通法で国有化政策が徹底された。労働党政府は鉄道だけでなく、長距離道路運送、航空、港湾、鉄道保有のホテルまで、貨物、旅客を問わず、主要な交通手段による運送事業（道路貨物運送のC免許を除く）及び関連事業のすべてを国有化した。しかし、国有化政策は期待した成果を上げることはできなかった。ルイスが指摘するように「国鉄収支を均衡させる責任を負っている政府が、他の交通手段を制限するのはあまりに愚かである。それは広範囲にわたって波及する影響をもたらすであろう。」、「co-ordination によって達成すべき目的が不明確かつ相互に矛盾するものであった。」ことが原因である。最も徹底した一

---

4) 鉄道事業者、道路運送事業者の代表者各3名と第3者から成る Salter 委員会のメンバーとして参加した道路運送事業者の代表者たちは、とくに小規模事業者の参入を抑制することが自らの利益になるので、重量貨物自動車への課税にも反対しなかった。rent-seeking-activities の一種とも考えられる行動である。

元的国有化が失敗に終わった以上、残る政策は市場競争を通じての co-ordination になった。なお、道路貨物運送への参入規制が廃止されたのは1968年の交通法による。（第6章　2-2参照）

2）米国の場合

米国では1920年代の後半から30年代の初めにかけての鉄道と道路運送の競争の激化という交通市場の変化に直面した時、議会には大別して2つの選択肢があった。ひとつは、鉄道の独占を牽制するための自動車貨物運送の競争力を活用することであり、もうひとつは、交通政策についての意思決定権を議会自身の手と ICC（Interstate Commerce Commission、州際通商委員会）に集中し続けることであった。1877年設立の ICC は鉄道の独占規制を主たる対象のひとつとして、少なくとも建前上の目的は公衆の利益を独占の弊害から守ることであった。議会は後者の選択肢を採り、運賃決定ルールの策定は議会の手に委ねられた。

輸送需要の運賃弾力性の小さい農産物や原材料の低運賃を維持し、かつ鉄道の収益を確保するためには、サービス価値運賃（value-of-service rate making）体系（負担力運賃、差別運賃）を維持する必要があり、そのためには自動車貨物運送に参入規制、鉄道と同様なサービス価値運賃の適用及び最低運賃規制を導入することに迫られた。これを実現させたのが1935年の自動車運送事業法であった。同法の本質は鉄道、道路輸送に共通の管理者（ICC）による鉄道と自動車運送業者の利益を結合するカルテルの形成であった。しかし、このカルテルは同法での規制対象除外となった自家用道路運送と非規制の寡占のバージ輸送がアウトサイダーの役割を果たし、次第に機能しなくなった。第2次世界大戦後の1950年代半ば頃から、鉄道は競争相手の規制を求めた従来の戦略を変え、鉄道に対する規制の緩和（運賃自由化）を求めるようになっていった。マイヤー、フリードレンダー等の経済学者は鉄道の競争力発揮には鉄道に対する規制の緩和が必要であると主張したのである[5]。

英国との差異は、議会が交通政策の基本方針を策定し、ICC はその方針に従って行動したこと、道路運送事業に運賃体系をも規制したことである。

英国・米国の共通の点は、馬車交通、運河・河川交通を圧倒して繁栄を誇った1950年代の鉄道が、新興の自動車交通、航空交通との競争で劣勢になった時、新興の交通手段に対して政府規制を導入して、鉄道とこれらの間の競争を調整しようとしたことであり、それに失敗したことである。第2次大戦後になって、その失敗に気付き、鉄道に課されていた独占規制を緩和する政策に変更した。これに対してわが国では、1960年代後半になってかつて英米両国と同様な状況に直面した時、本章5－1でみるように、政府は両国の失敗の部分と同じ轍を踏んでしまった。両国の歴史から失敗の教訓を学んでいれば、同じ轍を踏まなかったかもしれないというのが岡野の一貫した主張であった。[6]

2－2　わが国のケース

わが国で総合交通体系論が華々しく展開されたのは1971（昭和46）年であった。その背景として指摘されるのは、英米と同様、国鉄の財政悪化と道路輸送の進展への対応にあった。英米に遅れること約40年であったが、そのことへの対応策は結果として両国からさらに遅れさせる状況を招いてしまった。前者の国鉄財政の悪化の具体的な状況は第3章で論ずることにするが、当時はなぜ財政悪化に陥ってしまったのかに対する識者の解釈は一様ではなかった。当時挙げられていた要因への通説は通運性悪説とイコール・フッティングの欠如ということであった。この通説こそが岡野の批判するものであった。

1）通運性悪説

通運性悪説は、国鉄財政の悪化の元凶とされた貨物輸送に関し、「国鉄貨物の輸送量が増えないだけでなく、収益が上がらないのは、国鉄貨物輸送の

5）　彼（彼女）たちの主張は Meyer, J. R., M. J. Peck, J. Stenason and C. Zwick,; *The Economics of Competition in the Transportation Industries*（Harvard Univ. Press, 1959）、Friedlaender, A. F.: *The Dilemma of Freight Transport Regulation*（Brookings Institution, 1969）で端的に示されており、両著にはわが国の少なからざる交通研究者が影響を受けている。

端末を担う通運事業者が、採算の良い貨物は国鉄に持ち込まず自社の自動車で運び、採算性の悪い貨物だけを国鉄に持ち込むからだ」という主張である。［7］また、鉄道と道路輸送の競争条件の不公平は大別して

① 鉄道は用地、線路から車両、労働まですべての経費を運賃で償わなければならないのに対し、道路輸送は国、地方自治体が建設した道路を無料で利用しているので、運賃で回収すべき通路費が鉄道と比べて小さく競争上有利である。
② 道路輸送は騒音、大気汚染、交通事故等の外部不経済を発生させながら、その費用を負担していないので社会的費用の負担が不十分である。

とのものであった。

①の通路費負担の不公平が、道路輸送の通路費を全額負担させるために課税し、競争基盤の公平化を図るべきであるというイコール・フッティングの主張となった。これも英国で1933年の道路・鉄道交通法制定で主張されたものとほぼ同じであった。

一方、後者の自動車輸送対策は前者と独立ではなかった。当時運輸省により構想された総合交通特別会計制度を通して、国鉄財政悪化対策と遅れていた道路整備の財源を調達しようというものであった。総合交通特別会計は言葉の上では総合交通体系を象徴するものであり、立案者の意図どおりの実現には至らなかったものの、自動車重量税の創設につながった。

上記の通説には、岡野が反論したように、［7］事実の客観的把握が欠如していた。通運性悪説に対しては、経済構造と産業立地の変化に大きな原因のあることが見逃されていた。高度経済成長期であるにもかかわらず、国鉄の貨物輸送量が増加しなかったのは、石炭・木炭から石油へのエネルギー転換による石炭・木炭輸送量の減少、国内材から輸入外材への転換による木材輸送量の減少のためであった。国内貨物輸送量はトン数では1963（昭和38）、1964（昭和39）年度にピークを打ち、トンキロ数のピークは若干遅れて1970（昭和45）年度であったが、1972（昭和47）年度以降ではいずれも毎年10％程度の減少を記録した。石炭の輸送量は1960（昭和35）年度の4,060万トン（総輸送トン数の約22％）から第1次石油危機が起きた1973（昭和48）年度には

1,000万トンを割り込んでしまったし、木材の輸送量も1955（昭和30）年度の1,400万トンから1975（昭和50）年度には293万トンに減少していた。当時国鉄が採用していた貨物等級運賃での、賃率が高く採算の良い1、2等級の機械類、雑貨等は確かに自動車輸送に移ったが、上述のごとく、これが鉄道貨物輸送の頭打ちの原因のすべてではなかった。貨物等級運賃（差別運賃）制度は国鉄が独占であった時代の産物であり、代替輸送手段である道路輸送の発達によって貨物輸送市場が競争的になってくれば実行可能ではなくなる。14等級に細分化された等級を4等級にまとめ、高い運賃が設定されていた最高等級の賃率を引き下げたのは1965（昭和40）年の運賃改定で、1980（昭和55）年には等級制は全廃されたのである[6]。

2）イコール・フッティングの欠如説

　イコール・フッティング論を強力に主張したのは、当時運輸政策審議会の有力委員であった都留重人教授に代表される[7]。折から、イコール・フッティング実行の先駆例ともいわれた、1967（昭和42）年9月の当時西ドイツ連邦交通相によるレーバー・プラン[8]の発表の影響もあり、イコール・フッティング論は少なからざる支持を得た。しかし、わが国での議論は、利用する度ごとに料金を支払う有料道路はいうまでもなく、一見無料で使っている一般道路も、その整備財源の大部分は揮発油税、軽油引取税をはじめとする自動車関係諸税によって賄われていることが正当に論じられた上のものではな

6）　貨物等級運賃制度は原理的にはA.マーシャルの挙げた派生需要のひとつである「特定の財の輸送サービス需要は、市場における供給価格に占める輸送サービスの費用の比率が小さければ小さい程、より非弾力的になる」ことを活用したものである。とはいえ、19世紀末のマーシャルの『経済学原理』を、貨物等級運賃制度の創始者が解読していたのかは定かではない。理論と実務が独立の立場から、同じ結論に至った可能性は否定できない。

7）　都留重人「道路対鉄道問題の経済学的考察―いわゆるローカル線廃止問題に関係して―」、『経済研究』（一橋大学）、1969年1月号

8）　レーバー・プランの概要は　杉山雅洋『西ドイツ交通政策研究』（1985年4月、成文堂）、またレーバー連邦交通相が来日して行った講演記録は『ドイツ連邦共和国における交通事情―レーバー・プランを中心として―』（1970年、運輸経済研究センター）を参照されたい。

かった。道路特定財源制度の存在していた当時でも、道路整備の一部に一般財源は投入されていたが、この点に関しては道路の利用者には自動車を使用する人だけではなく、自転車を利用する人・歩行者もいるし、道路は水道、ガス、下水道にも使われている（空間機能）ことからすれば、一般財源の投入自体は否定されるべきものではないことがほとんど等閑視されていた。

先例とされた西ドイツのレーバー・プラン自体も、杉山が西ドイツのボン大学に留学中（1970年代後半）に識者にヒアリングした限り、その評価は疑問視する人たちの方が多かったのである。

2−3　総合交通特別会計構想と自動車重量税

交通施設のうち、交通インフラストラクチャーと呼ばれる交通基盤（道路や鉄道の軌道部分）の整備について政府がどこまで責任を持つべきかという問題がある。本章3−2でみるように、いわゆる「46答申」の作成に当たった運輸政策審議会は、道路輸送に対する課税を増加させて、鉄道と道路輸送の交通基盤の費用負担の公平化（イコール・フッティング）を達成することを提言した。同じイコール・フッティングを達成する別の方法として旧くからしばしば唱えられてきたのが、交通手段を問わずすべての交通基盤は国が整備すべきという主張がある。その代表はマンスの提唱で「政府は鉄道と道路の両方について財政的責任を負うべきであり、鉄道と道路はインフラストラクチャーの費用を除いた他の費用を基に競争すべきである」というものである。マンスの主張は資源配分の効率性の観点からルイスによって批判されることになるが（本章　4−1参照）、「46答申」の審議の段階で討議された総合交通特別会計の発想もこれと基本的に同じであった。[6]

行政が構想した総合交通特別会計の狙いのひとつは、通路費負担が過小とみなされた道路輸送に対して、負担の公平化を図るという名目で、車種間の道路損傷度に応じた費用負担を課すものである。当初自動車新税と呼ばれ、自動車重量税として新設されるに至った経緯は1971（昭和46）年5月14日第65国会衆議院連合審査会での福田越夫国務大臣、同5月12日の大蔵委員会での中川政府委員（大蔵政務次官）の答弁に示されている。事実関係を正確に

フォローする意味からも、両者の答弁を国会議事録の原文のまま綴っておこう。福田国務大臣の答弁は

> 「自動車重量税は、これを考えまする発想の根源は、道路財源の不足、これを補うというところにあるのでありますが、46年度予算ではこれを一般財源として受け入れることにしたのです。したがって、この道路財源として発足した自動車重量税収入は、ひもつきであるとかあるいは特定財源であるとか、そういう形をとっておりません。9兆4,000億円の一部として全体の財源を構成する。こういうことになっておるのです。ただし問題の発端、構想のきっかけが道路財源を充足するというところにありましたので、主たる目標を道路に置いておりますが、道路と関係が深い関係にありますところの道路標識その他の交通安全対策、これにも配慮いたした、こういうふうに御理解願います。
>
> いま道路の整備状況が先進国に比べますと非常に立ちおくれておる。これの整備を急ぐ必要がある。そのための道路整備五箇年計画を立てました。ところが五箇年計画では在来の財源をもってしては五箇年間に3千億円の不足を生じます。その財源をいかにして調達するか、こういう問題に政府は迫られております。所得税を増徴するか、法人税を増徴するか、いろいろ財源調達の方法もありましょうが、諸外国の事例等も考えますと、まだ自動車の使用者に対して負担を求めるということにいたしましても、さほど高い状態でもない、こういうふうに考えますので、道路を損壊し、また道路がよくなりますれば、その利益をこうむる自動車にその負担を求める。これは、まず国民から御納得のいくようなことではあるまいか、さように考えまして自動車重量税を創案いたしました。これが私の説明でございます。」

というものである。中川政府委員は自動車重量税の配分、用途について

> 「今回の税制であがります税額は5、000億円でございます。そのうち１／４の1,250億円は地方にお渡しするわけでありますから、国に残りますのは3,750億円ということになります。その中で道路に振り向けなければならないものは約3、000億円と見込まれてございます。したがって道路以外の社会資本に振り向けられる額は750億円と言うことに相なります。」

と説明している。

その背景には当時別組織であった建設省、運輸省の駆け引きがあった。費用負担の公平が目的であれば、道路の損傷等の影響が大きく負担が不十分と思われる重量車両のみに課税すればよいのであるが、建設省は道路財源とし

ての税収確保には保有台数の多い乗用車への課税が必要であった。一方、運輸省はイコール・フッティング論を展開して道路に関わる財源を国鉄財政の強化に転用しようと図った。同省はすべての交通手段の財源を一体化して、特定財源とした上で、各交通手段間に配分することを意図した総合交通特別会計の新設を主張したのである。しかし、すでに道路特定財源として指定されている既存の揮発油税等の諸税を取り込むことは現実には不可能であったことから、総合交通特別会計構想は無理だとして、新税である自動車重量税を充当しようとの戦略に切り換えた。自動車重量税は、鉄道と道路のインフラストラクチャーの費用負担の平等化という「大義名分」よりも重要だったのは、その税収入をめぐる建設省と運輸省の争奪戦だったのである。［6］

　自動車重量税は先に引用した福田国務大臣、中川政府委員の答弁から一般財源の扱いであるが、1／4を地方に譲与（地方特定財源）した残りの3／4の約8割程度を道路整備に充当する（実質的には特定財源）こととなった。地方への剰余分の比率は2003（平成15）年に1／3に高められ、2013（平成25）年の税制改正では燃費基準、車齢に応じて差が設けられることとなった。

　導入当初は自家用、営業用に税率の差はなかったが、1974（昭和49）年の税制改正で自家用の税率が2倍に引き上げられたのに対し、営業用は据え置きとなった。この営自格差に岡野は「重量税の性格に反するだけでなく、車両の稼働率が高い営業用を優遇する必要は全くない」として強く反対した。［7］　しかし、現実には営自格差は1976（昭和51）年の税制改正で自家用は26％の引き上げに対し、営業用は12％の引き上げにとどめることでさらに拡大した。0.5トン未満の自家用乗用車と4.5トンの営業用トラックの重量税が同額となったのである。

　自動車重量税は課税根拠とは離れた形で存続しているが、道路特定財源制度が廃止された今日、論理的には廃止されているべきものなのである。国民経済的にはそのあり方の抜本的な再検討、納税者の納得のいく説明が必要とされるのである。

3　1971（昭和46）年での動向

3-1　総合的交通体系論

　総合交通体系は交通産業そのものが病にかかった（国鉄の経営状況の悪化）時の処方箋として登場したが、それは英米においても同様であった。わが国の場合、唯一の例外は第1章の1-2で引用した1961（昭和36）年の経済企画庁の「総合的交通体系」で、これがわが国で「総合」という二文字が付された、公式に使われた最初のものといってよいであろう。ただし、1-2でも示したように、そこでは「総合的」という表現が用いられており、「総合」ではなく「的」が何を意味するのかも明らかではなく、折からの「国民所得倍増計画」、「全国総合開発計画」での交通部門の計画が「総合的交通体系」と名付けられたものであった。

　そこでの基本的考え方の7項目と、これがその10年後の1971（昭和46）年の運輸政策審議会（以下、運政審と略称）の答申の基本思想への影響が読みとれると先に示したが、その具体的解釈を岡野の論述で辿っておこう。[6]第1章の1-2で示した7項目の①で「合理的交通分業関係」という表現が具体的な説明なしに使われており、②で「交通需要者（利用者）は、各種交通機関の提供するサービスを、その内容と対価を考慮しつつ任意に選択利用しうる状態におかれるべき」、すなわち交通機関の選択は利用者の任意に委ねるべきであるとしながら、③で「公共の利益のためにある程度の規制を受けることはやむおえない」とし、「連帯運輸等各種交通機関の連携、協調」の必要性も主張していること、⑤で「交通投資は、将来の交通体系の構造的発展を促進するような施策」を採用すべきであること等に、次に紹介する1971（昭和46）年の運政審の答申「総合交通体系のあり方、及びこれを実現するための基本方策について」（以下、「46答申」と略称）の内容との関連が見られるのである。

　交通施設の絶対的な容量不足の状況下にあった「総合的交通体系」での最大の課題は、乏しい交通投資財源の各交通手段への配分であり、そのための

表2−1　国内貨物輸送量の予測値と実績値の比較

		1958年度	1970年度 (予測値)	1970年度 (計算値)	1970年度 (実績値)	予　測　式
国民総生産 (10億円) (1958年価格)		11,785	26,000	40,589	40,589	
貨物輸送量 (10億トンキロ)		975	2,173	3,265	3,507	$T=7.48Y+228$
機関別	鉄　道	453	815	1,257	634	$T=2.75Y+214$
	道　路	130	498	951	1,359	$\log T_1=1.5\log Y-1.086$
	内航海運	392	860	—	1,521	$T_2=0.76Y-44$

注1：1958年度、1970年度（予測値）の数値は経済企画庁総合計画局編「総合的交通体系——所得倍増計画および全国総合開発計画草案から——」1961年より引用．
注2：1970年度（計算値）は、1970年度（予測値）の導出に使われた上表の予測式に国民総生産の実績値を用いて計算．予測式の T_1 は普通貨物車、T_2 は小型貨物車．
出典：岡野〔6〕

　将来の輸送構造・輸送需要の予測の重要性が強調されたが、たとえば、国内貨物輸送量は表2−1のとおり鉄道を除き過小予測となった。過小予測という点では運政審の「46答申」での過大予測とは大きく異なるが、結果としてこの時すでに鉄道貨物輸送における国鉄の地盤沈下、道路輸送の伸長が見られ、政府は「総合的交通政策（体系）」の樹立の必要性に迫られ、その継続が「46答申」であったと解釈される。英米両国で1920年代末から30年代初期にかけて直面した、道路（自動車）輸送の台頭による鉄道の独占力の喪失、交通市場の競争化といった状況に、約40年遅れのことであった。ただし、本章の2−2でみたように、そこでは英米両国の教訓を活かしたとはいえない対応であった。

3−2　運輸政策審議会「46答申」

　このような中で1970（昭和45）年6月に橋本登美三郎運輸大臣は運輸政策審議会（中山伊知郎会長）に

> 「1970年代を迎えて、わが国は引き続き経済規模の拡大をとげるとともに、情報化、技術革新等の進展を軸として高密度情報化社会ともいうべき新しい社会に移行することが予想される。このような新しい社会を目指し、全国土の均衡

ある発展を図るためには、現在の交通体系を抜本的に再編成し、陸海空の各種交通手段を合理的な輸送分担によって組み合わせて高度にシステム化された交通体系を確立するとともに、これを実現するための方策を推進する必要がある。」

との諮問を行った。これに対して、運政審が1年有余にわたりおよそ40回の審議を経て1971（昭和46）年7月に丹羽喬四郎運輸大臣に提出したのが「46答申」である。実はこの運政審の前身である運輸政策懇談会（運懇と略称されていた）によって、予備的な検討は行われていたのである。

運政審は総合部会、物的流通部会、都市交通部会、開発部会の4部会から構成され、先に引用した橋本運輸大臣の諮問（諮問第1号）は総合部会において審議された。総合部会は交通施設と経済全体の間の相互浸透的関連について検討する第1小委員会（林周二主査）、交通手段相互間の役割分担や競争条件の問題を検討する第2小委員会（八十島義之助主査）、交通計画との関連で政策上の焦点となりうる重要な問題を検討する第3小委員会（秋山龍主査）から構成され、岡野は専門委員として第2小委員会で主としてイコール・フッティング、そのあとのクロス・サブシダイゼーション（内部相互補助）、要するにいかにして運輸省の構想する総合交通特別会計の理論付づけをするのかの問題に取り組んだ、そこでは、イコール・フッティング論は成立しないが、交通機関間のクロスサブシダイゼーションは英国での失敗例から考えるべきであるとの主張を行ったのである。

各小委員会は1970（昭和45）年6月からのほぼ半年にわたる検討から、同年12月総合部会に中間報告を行った。同報告書は、第1、第2小委員会の合同による報告と、第3小委員会の報告とから成っている。総合部会は中間報告を踏まえ、さらに検討を促進することとして、1971（昭和46）年に入ってから、部会内にとくに関心の高い委員（八十島総合部会長以下15名）の「総合交通特別委員会」を設置、審議を重ね、6月の総合部会で行った特別委員会の検討結果をもとに、「総合交通体系に関する答申」の案をまとめ、7月末に丹羽運輸大臣に提出した。

なお、警察庁の「総合交通体系における道路管理」、建設省の「総合交通

政策に関する基本的考え方―試案―」が出されたのが同年9月、また、政府が「総合交通体系の樹立に関する基本方針および重要問題を協議する」ため、臨時総合交通問題閣僚協議会を設置し、「総合交通体系について」で政府なりの結論を出したのが同年12月であり、1971（昭和46）年はまさに総合交通体系（政策）論花盛りの年との感があったのである[9]。

4　イコール・フッティング論

4－1　マンスの提案とルイスの批判

　イコール・フッティングの考え方はすでに1930年代初頭に英国で鉄道事業者が主張しており、1933年の道路・鉄道交通法でのガソリン税等の増収の根拠とされ、わが国ではこの主張に基づき自動車重量税の創出に至った。

　イコール・フッティングなる用語はルイスによって示されていた（文献は本章脚注3）が、実質的にはそれに先立ちマンスが共同論文[10]の中で"on a footing of equality"という表現を用いている。マンスは課税により自動車の道路費用の負担を修正し、鉄道と自動車輸送のそれぞれに正確な負担をさせるという方式とは別のイコール・フッティングを提案した。それは、道路整備を国・地方政府が行っているということから、鉄道についても軌道部分（track）の経費は国が負担し、それ以外のコストに基づいて競争させるという形で、両者のイコール・フッティングを図るべきだというものである。わが国でのイコール・フッティング論議での通説も、この提案に準拠したものである。

　これに対してのルイスの批判は論理的には大いに参照すべきものである。彼の批判を要約すれば大方以下のようになる。「資本集約的な鉄道では輸送

---

[9]　「46答申」およびその関連資料、警察庁、建設省の報告、臨時総合交通問題閣僚協議会の報告は　運輸省監修『わが国の総合交通体系』（1972年6月、運輸経済研究センター）に所収されている。

[10]　Brigadier-General, Mance, H. O.; The Road and Rail Transport Problem, *Journal of the Institute of Transport*, Vol. 21, No. 8, July 1941

コストに占める軌道部分の割合が大きいのに対して、鉄道と比べて資本集約度の低い自動車輸送では輸送コストに占める道路サービスの費用負担の割合が小さく、マンスの提案による資本費の政府負担では鉄道の方が運賃を相対的に低くすることができる。自動車輸送から鉄道への輸送量の転換が生じ、鉄道の輸送力拡大が必要となるのであれば、政府負担の軌道部分の経費が増加することとなり、資源の浪費を招くことになる。したがって、マンスの提案が是認されるのは、自動車輸送から鉄道への転換が生じても鉄道が輸送力の増強を必要としない場合に限られる。」というものである。

ルイスの批判は交通機関の資本集約度に大きな差がある場合には、手厚い資本補助は利用者および事業者の選択を通じて資源配分をゆがめる可能性があることを示唆している点で、論理性が高いと評価され得るのである。[4]

4-2 岡野のイコール・フッティング論

本章2-2で触れたように、運政審の有力委員であった都留重人教授は、鉄道、自動車輸送の用地費、建設費、維持費等のインフラストラクチャーに関わる費用負担が不公平—鉄道は用地、軌道、駅等の交通施設に関わるすべての費用を事業者が負担しているのに対して、自動車輸送の場合は基礎交通施設である道路の建設費の一部が地方公共団体の負担—なので、鉄道の運賃が自動車輸送に比べ相対的に高くなり、競争上不利になっていると主張した。当時、(旧)西ドイツのレーバー・プランに、鉄道と道路輸送の競争基盤の平等化を図るための重量貨物自動車に運送税が含まれていたこと、またレーバー連邦交通相が来日し、運輸省で講演を行ったこともあって、多くの支持を得ていた。

これに対して、岡野はイコール・フッティング論の内容を検討、この主張が大義名分として挙げている競争基盤の平等化を通じて国民の経済厚生の増大に寄与するかどうかを考察し、その主張が資源配分を改善するよりはむしろ損う可能性が強いことを述べ、資源のより有効な配分をもたらす価格体系のあり方を論じた。[1] イコール・フッティング論の内容として、"競争条件の不平等"の観点で自動車輸送については道路事業費に国・地方の一般

財源が投入されている、国鉄と日本道路公団の税制に差がある―国鉄は固定資産税を負担しており、線路保有については市町村納付金の名の下に支払っているのに対し、日本道路公団の高速道路ではこのような負担はない―というのが、通常のイコール・フッティング論で主張される論拠となっている。さらに、これを拡大した主張として、道路サービスの費用に、混雑費用、排気ガス、事故等の外部不経済費用をも含めて考えるべきだというものもある。この主張の背景には、鉄道輸送では費用逓減の下で輸送サービスの生産がおこなわれているのに対して、混雑費用等の外部不経済費用を含めた時の自動車輸送では費用逓増の下で輸送サービスが生産されているとの認識である。このように世上唱えられているイコール・フッティング論の内容を整理した上で、岡野はこのようなイコール・フッティング論に論理整合性が認められるかの検討を行っている。その概要は以下のように整理される。

　先ず、自動車輸送が負担すべき費用として主張されるのは、各年度の事業会計のバランスであるが、各年度の道路事業支出総額が各年度の道路利用者税収入によって償われる額として適切であるのかが問われるとして、反論を開始している。道路への新規投資がなく、事業費はすべての道路を建設された当時の状態に保つための補修・維持および清掃などに充当されているのであれば、なお問題が残るとはいえ一応償うべき費用として承認できる。しかし、現実には道路事業費のかなりの部分は新設・改良のための支出―投資―であるから[11]、各年度についての事業費総額をフローとしての道路利用税で償うべきだとすることは正しくない。燃料税に代表される道路利用者税で償われるべき額は、道路の減耗相当分と維持管理費のような経常的な費用の和でなければならず、投資を含む道路事業費について、各年度ごとに予算のバランスが成立するように道路利用者税を課すべきであるとの主張は誤っている。道路サービスの費用の規定において欠陥をもっているのである。

　次に、鉄道が運賃収入によって償うべき費用の概念が問われる。通常のイコール・フッティング論では、鉄道が運賃収入によって償うべきと考えられ

---

11) 岡野が [1] を執筆した当時は、わが国の高速道路延長は638km（1970年4月1日時点）に過ぎず、その整備は著しく遅れていた。

る費用は、動力費、労務費等の経常的な費用を過去から現在へ受け継がれた施設・設備の償却費の和であるとして、それ以上の検討を行っていない。そこでは、施設・設備の価値は historical value であり、現在の資産価値ではなく、施設・設備の少なくとも若干の部分はすでに経済的に陳腐化していると考えられるから、鉄道の資産を正当に評価し直すことによって解消されるはずのものであることが論じられていない。したがって、独立採算の制約が課されている鉄道自体において、運賃収入が償うべき費用の概念が必要であるとしている。

　岡野［1］での主張の核心は均衡予算と資源配分について、3つの角度からの論究である。第1に、そもそも道路事業について均衡予算を課すことが資源配分の観点からみて望ましいかどうかを検討する。そこでは日本全体としての道路予算の均衡と、地域的な均衡予算の二つのタイプを論ずる。前者では、道路利用者に課すべき最適な価格ないしは税は、道路を利用するおのおのの trip について、それに要した資源の価値に希少な施設の使用にともなう地代相当分である、その trip の真の費用であることから、道路利用者の支払う総額が道路サービスの総費用に等しくなるのは特殊な条件が成立している極めて限られた場合で、一般には等しくならない場合が多いので、道路の有効利用という観点から道路予算の均衡を条件づけることは無益有害である。後者では、地方部では道路を利用する trip は費用逓減の下で行われているのに対し、都市部では費用逓増の下で行われているので、都市部で道路の有効利用をもたらす価格を設定すれば収支に余剰が生じ、地方部では欠損が生じることから、地域的に収支が均衡するような価格体系は、地方部では道路の under-utilization、都市部では over-utilization が生じ、資源配分の観点から著しく非効率であるとする。

　第2は、鉄道（国鉄）が収支均衡を建前とする運賃体系を決定しているとし、この運賃体系を与件として道路当局が道路事業について収支均衡するように道路サービスの価格ないし道路利用者税の体系を決定するとした場合のケースである。ここで注意しておくべきことは、①道路サービスの場合にはトラックと乗用車、鉄道サービスの場合には貨物と旅客という異なる需要が

あり、②道路にしても、鉄道にしても、この両者のサービス消費について相当程度の共通費部分があるということである。鉄道の場合には、旅客に共通費の相対的に大きな部分を負担させ、貨物については等級運賃制が存在している[12]。道路事業の収支均衡をトラックと乗用車という異なる道路サービスの利用者に対する課税によって行う場合、乗用車による道路サービス需要の価格弾力性が、トラックについてのそれと比べて相対的に著しく小さいならば、トラックの費用負担の増大はごく小さくなる。この点では鉄道の共通費の相対的に大きな部分を旅客に負担させ、貨物に相対的に小さい部分を負担させている形と類似している。このケースは、先の地域別収支均衡のそれと論理は同様で、異なる道路サービスは、相互に代替的あるいは相互に補完的、さらに相互に独立なものから成っていることから、道路当局がこれらを考慮に入れて収支均衡制約下で便益が極大になるような価格設定を行うならば、a) 他の道路との補完関係が強く、代替的な関係が弱いサービスの価格は、限界費用からの乖離が小さく、低めに設定され、一方、b) 他の道路との代替関係が強く、補完的関係が弱い道路サービスの価格は、限界費用からの乖離が大きく、高めに設定されることになる。しかし、個々の道路について他の道路との補完性、代替性を aggregate した全体としての cross effect が正ないし負であるのかを決定するのは必ずしも容易ではない。ただ注意しなければならないことは、道路当局が鉄道の運賃体系を所与として、道路サービスだけについて収支均衡が成立し、かつ便益が極大になるように価格体系を決定するのであれば、鉄道輸送サービスと補完的な道路サービスの価格を引き上げられるという可能性である。この点、鉄道輸送、とりわけ貨物輸送については端末部分をトラック輸送に委ねざるを得ないので、道路サービスに収支均衡を課すことは鉄道輸送への転換を促すと速断することは誤りであろうとする。

　第3は、鉄道、道路のおのおのに収支均衡の制約を課すこと自体、本来、資源配分の観点から望ましいことであるのかについてである。両者に収支均

[12) 本章 2-2 の 1) で触れたように、貨物等級運賃制は交通市場の競争化に伴い 1980 (昭和55) 年に廃止された。

衡の条件が課されたとする時、全体としての便益が極大になるような鉄道の運賃体系、道路の価格体系をR. リースのモデル[13]を修正して検討する。その際の前提は、a) それぞれ複数の種類のサービスを供給する二つの企業があり、共に収支均衡の条件が課されている、b) 両企業の供給するサービスの需要は相互に関連を有する、c) 両企業を含め経済全体としての便益が極大になるように各企業の複数個のサービスの価格体系を決定する、ということである。モデル分析の結果として、鉄道輸送サービスの最適運賃である最適価格はその限界費用からの乖離が大きくなる傾向を有する一方、異なる鉄道輸送サービス間の補完性は相当強いと思われることから、この補完性が道路サービスとの代替的関係に基づくcross effectを圧倒して限界費用からの乖離を小さくする可能性のあることが導かれる。収支均衡の制約を満たし、かつ、経済全体として資源を有効に利用し、便益を出来るだけ大きくするような鉄道輸送サービス、道路サービスの価格体系は、それぞれについての異なる複数のサービス相互間の補完、代替の関係を考慮して決められねばならないのであり、鉄道の運賃体系の調整を考慮しないで、単に道路部門の収支均衡を条件づけることは資源の有効利用に何ら寄与しないのであるとする。

以上より、通常のイコール・フッティングの主張は「ある経済主体—鉄道—の収支均衡の条件が課されたために、当該セクターでは価格が限界費用から乖離している時、このセクターのサービスと関連（代替的関係）をもつ供給セクター—道路—に収支均衡の制約を課すことは一般的に資源の配分を改善することにはならない。」という説明によって退けられるとしているのである。

---

[13] Rees, R., Second-Best Rules for Public Enterprise Pricing, *Economica*, Aug. 1968

5 「46答申」の解釈、評価とその後の展開

5−1 市場競争 vs 政府規制をめぐる解釈

「46答申」は少なからざる人々の論ずるところとなり、たとえば、1941（昭和16）年創立の日本交通学会では創立30周年となる1971（昭和46）年の全国大会の統一論題のテーマとして「総合交通政策の展望」が取り上げられた。同年の学会年報の統一論題論文としては、岡野論文を筆頭に、今野源八郎、岡田清、平井都士夫、佐竹義昌、赤堀邦雄、北見俊郎、田原榮一諸教授の論文が収められている[14]。

「46答申」は総合交通体系の形成を市場競争に委ねたものと解釈する人々がある一方、岡野は市場競争を否定した政府の規制によるものと解釈・批判をした。［２］ 答申の「Ⅰ　総合交通体系形成の意義と基本的な考え方」での「２　総合交通体系形成のための基本的考え方」として、次の文章が綴られている。幾分長くなるが、事実を正確にフォローするため、その全文を掲げておこう。

> 「総合交通体系は、一般の経済活動と同様に、交通市場における各交通機関間の競争と利用者の自由な選択を通じて形成されることが原則である。しかしながら、現実の交通市場は不完全であるため、必ずしも望ましい交通体系をもたらすとは限らない。たとえば、交通サービスの提供は、直接利用者に対し便益を与えるだけでなく、当該交通サービスが提供されている地域に対して開発利益等の間接的な便益を及ぼし、そしてこれはその提供者である交通機関に還元されないのが通常である。また、現実の交通サービスの価格には、当該交通サービスを供給するのに要した社会的な費用が正確に反映されていない場合が多く、とくに交通安全、交通公害等に係る社会的費用は、その直接の発生者が必ずしも十分には負担していない。したがって、望ましい交通体系の形成を行うためには、開発利益等を交通機関に還元させるとともに社会的な費用をその発生者である交通機関に負担させる等の政策措置を講ずることが必要である。
> 　一方、大都市における交通サービスにあっては、交通空間上の制約から利用者の自由な選択に委ねることには限界があるので、政策による需要の誘導・規

14）日本交通学会『交通学研究／1971年研究年報』（1971年11月）

制が必要となろう。また、地方交通とくに過疎地域や離島などにおける交通サービスについても、限られた利用者によっては到底その費用を負担し得るものではないので、ミニマムとして維持すべき水準を策定し、その維持をはかる政策措置が必要となる。

　以上述べたように、総合交通体系の形成に当っては、できる限り、開発利益等を還元しあるいは社会的な費用を負担させるための政策措置を講じたうえで、市場機構に依拠した体系の形成を図る必要がある。しかし、交通部門においては、このような原則を貫徹することが困難なことが多いので、このような場合には財政その他の手段による政策介入を弾力的に行うことが必要となってくる。そして、このような政策介入を行う場合には、先に述べたような交通部門に対する社会的要請に応えるための設計理念を前置し、費用＝便益分析などの客観的方法による評価を行った上で、交通施設整備のための投資を決定する等の手法によることが適当であろう。」

　この文章は一見競争を通じての総合交通体系の形成を主張しているように見えるとした上で、岡野は上記文面の第1段落の「しかしながら、…」との記述で市場競争を「原則」を否定し、「また、…」の記述で費用負担の不適切さ、さらに第3段落で外部性を内部化する政策措置の導入の必要性を指摘し、それらの措置を講じた上で市場機構に依拠した体系の形成が必要であると述べながら、「しかし、…政策介入を弾力的に行うことが必要である」の文言で依拠すべき市場機構を否定し去ってしまうと指摘する。岡野の答申の基本的考え方への解釈は「答申は、市場競争を通じての総合交通体系形成にリップサービスをするだけで、本音は政府のすべての交通手段に対する広汎かつ細部に立ち入った介入による総合交通体系の形成を主張している。」とするものである。[7]　藤井彌太郎教授も「46答申はマーケットメカニズムを中心とする前文と本文はまるっきり違う」と述べている。[5]

　岡野の主張は「運政審で総合交通体系が検討されていた頃、筆者（岡野、以下同様）は偶然ロンドンで G. J. Ponsonby 著の Transport Policy: Co-ordination through Competition を手に入れた。本書の副題はまさに筆者の考えていたことであったし、同書に1933年の道路・鉄道交通法の成立前に学者と実務家―交通事業者代表―の間で白熱した論争があり、A. Plant―London School of Economics の Business Economics の初代教授―が道路運

表2-2　昭和60年の国内輸送量の予測値と実績値
―運輸政策審議会46答申のケース―

			予測値	実績値
旅客	人ベース（百万人）	鉄道	30,500	18,990
		自動車	63,060	34,680
		海運	340	154
		航空	100	44
		計	94,000	53,870
	人キロベース（億人キロ）	鉄道	6,170	3,301
		自動車	7,080	4,893
		海運	190	57
		航空	540	331
		計	13,970	8,582
貨物	トンベース（百万トン）	鉄道	820	99
		自動車	17,790	5,048
		海運	1,650	452
		航空	4	0.5
		パイプライン	76	―
		計	20,340	5,600
	トンキロベース（億トンキロ）	鉄道	4,185	221
		自動車	5,075	2,059
		海運	8,030	2,058
		航空	25	5
		パイプライン	65	―
		計	17,380	4,344

送事業者への規制導入による鉄道との競争条件公平化を主張した実務家たちに対して孤軍奮闘で競争を通じての交通のco-ordinationを図るべきだと反論して議論を呼んだことが記されていて、筆者は大きな感銘を受けた。J. R. Meyer、G. J. Ponsonbyの所説に刺激されて筆者は当時提起されていた総合交通体系の問題―それはまさに国鉄問題であった―の背景を再考した結果、政府の一層の介入による解決よりも国鉄に対する諸規制の緩和による競争力強化を主張したのであった。」[7]　との自身の文章に端的に示されている。

また、岡野はそれに先立つ1995年の論文の結論で、「かつて交通市場における諸規制の根拠にされた独占が、交通手段の多様化とともに実質的に消滅した今日、交通部門においても市場競争に委ね、政府は市場の基本的ルール（外部性についての調整、安全基準の設定）の設定と維持さえ実施すればよい。たとえ市場競争に委ねた場合に「市場の失敗」が避けられないとしても、それは「政府の失敗」よりは社会的損失が小さいのではないか。今日、「総合交通政策」は終焉を迎えた。」と記している。［6］「総合交通政策の終焉」は岡野の東京大学退官講義でのテーマでもあった。

なお、「46答申」でのベースの一つとして、1985（昭和60）年を目標年次とする鉄道、自動車、海運、航空のそれぞれの輸送需要が予測され、それに対する各輸送施設の整備計画が策定された。そのための投資額は約100兆円であり、そのためには国民総生産に対する交通社会資本の比率を現状の約3％から4％に高める必要があるとされた。表2－2に見るごとく、予測値は極めて過大なもの、それは特に鉄道貨物輸送量において顕著であった。[15]

5－2　「46答申」後の展開

「46答申」の後、運政審は2001（平成13）年1月の省庁再編に伴い交通政策審議会と名称を変更するまで、10年を区切りにした運輸大臣の諮問に応えて、交通政策全般を対象とした審議を行い、答申を提出してきた。

「46答申」の10年後には、地崎宇三郎運輸大臣の諮問（1980（昭和55）年4月）に応じて、「長期展望に基づく総合的な交通政策の基本方向―試練のなかに　明日への布石を―」の答申（いわゆる「56答申」）を1981（昭和56）年7月に塩川正十郎運輸大臣に提出した。稲山嘉寛会長の時代であった。杉山は専門委員として審議に参加したが、岡野には参加要請がなかった。岡野が行った「46答申」の解釈ないしは批判に、参加が敬遠されたとみるのはあま

---

[15] 岡野は運政審の中心問題になった国鉄の貨物輸送につき「……フレートライナーを入れるなど大増強計画をやったわけです。私はこれでいいのかなと思ったのですが、運政審の場ではそれはもう無謀だとか無意味だとはとてもいえなかった。……そこまでやれなかったことをいまでも悔やんでいます。」［5］と述懐していた。

りに穿ち過ぎであろうか。

「56答申」は2部構成で、80年代でのわが国の経済社会の展望、将来交通量（目標年次：1990（昭和65→平成2）年）を推計した上で、総合的な交通政策の課題を抽出、それに対する基本的考え方、交通の分野に共通する政策のあり方、幹線旅客交通政策・地域旅客交通政策・物流政策のあり方を論じた。

「56答申」はこの種の答申での2番目であったということもあり、「46答申」のようには活発に多くの人に論じられることはなかった。「46答申」に比べ、いわゆる目玉となる政策提案がなかったためでもあり、現実の交通市場で「46答申」のシナリオが破綻したことを認めながらも、市場メカニズムへの依存にまでは踏み切れず、中途半端なものに終わったとの感が否定できない[16]。

その10年後の江藤隆美運輸大臣の諮問に対する運政審（斎藤英四郎会長）答申「21世紀を展望した90年代の交通政策の基本的方向について」は、前記2つのそれとは幾分異なった形式で行われた。総合部会関係答申として3本、総合部会・国際部会関係答申として1本、地域交通部会関係答申として2本、物流部会関係答申として1本、国際部会関係答申として3本、および総合部会関係報告としての長期輸送需要の予測が1990（平成2）年から1991（平成3）年にかけて個々に発表された[17]。そこにはもはや「総合交通体系（政策）」、「総合的交通政策」の呼称は用いられていないのである。なお、岡野は特別委員として地域交通部会の大都市鉄道小委員会委員長を務め、杉山は委員として総合部会の幹線旅客交通小委員会に参加した。

運政審としてこの種の最後となる諮問は1999（平成11）年5月に「21世紀初頭における総合的な交通政策の基本的方向について」として今井敬会長に

---

16)「56答申」の全文は　運輸省編『80年代の交通政策のあり方』（1981年11月、ぎょうせい）に、参考資料、答申についての講演録とともに所収されている。

17) これらすべての答申は　運輸省編『運輸政策審議会答申—21世紀に向けての90年代の交通政策の基本的課題への対応について—』（1991年7月、運輸経済研究センター）に所収されている。

対して行われた。国土交通省発足の2001（平成13）年1月を前に2000（平成12）年10月に答申が行われ、サブタイトルに「経済社会の変革に呼応したモビリティの革新」なる文言が付された。運輸省が時代の要請に呼応すべく、従来の運行行政の大転換となる「需給調整廃止後の市場原理の活用を前提に、国際化の進展、少子・高齢化への対応、環境問題への対応、財政制約の強まり等経済社会情勢の変化を踏まえ、利用者利便の一層の向上を図るためのハード・ソフト一体となった総合的な交通体系の整備に関する基本的方向及び理念の構築を図るものとする。」ということが、主要テーマとされた。当該審議では総合部会の下に企画、環境、物流、長期需要予測の4つの小委員会が設けられ、21世紀初頭での重要課題に、「安心の自動車社会」の創造、環境との調和と安全の確保、ITの活用による交通システムの高度化、交通インフラの整備と活用、の4項目を掲げ、そのあり方が論じられた。これらのフォローアップは運政審の機能を引く継ぐ交通政策審議会に期待するものとされた。なお、杉山は特別委員として環境小委員会に参加した。

　しかし、「総合」ないし「総合的」交通体系についてのものではないが、よりインパクトのある答申として、前記1999（平成11）年5月の諮問以前になされた、需給調整廃止後の交通運輸政策の基本的方向を検討するための諮問「交通運輸における需給調整規制廃止に向けて必要となる環境整備方策について」、およびそれに関する答申が注目された。需給調整規制の廃止を原則としたことから、当然のこととして岡野には委員としての要請がなされ、自動車交通部会の部会長に指名された。岡野は同部会のバス小委員会委員長、特別委員として参加した杉山は同委員長代理をつとめた。需給調整規制廃止の検討体制の概要、バス小委員会の答申については第6章の3節で紹介することとする。

　なお、運政審とは別に、1974（昭和49）年8月に総合交通政策研究会が「総合交通体系の検討に関する中間報告―新たなる制約条件下において進むべき方向―」を出している。新たなる制約とはエネルギー資源の制約、労働力の制約、環境問題の制約、交通空間の制約の4つであるが、こうした「制

約」論は極めて誤解を招き易く、かえって害悪をもたらす可能性さえあるので、どのような制約であれ、その制約が現実として問題になる限り、人為的に抑えるようなことをしなければ、財・サービスの価格に反映されることを認識しなければならないとの視点で岡野は批判を行ったこと［4］を付記しておきたい。

　［第2章で主として用いた岡野論文等―年代順―］
　［1］「交通調整における次善の問題―「イコール・フッティング」論をめぐって―」、『経済学論集』（1970年7月）
　［2］「総合交通政策の基本的視点―競争と規制―」、『交通学研究／1971年研究年報』（1971年11月）
　［3］シンポジウム（今野源八郎・大石泰彦・岡田清・岡野行秀・高野務・武田文夫・中村貢・野見山務・三野定・山根孟・吉田泰夫）「総合交通政策の確立のために」、『高速道路と自動車』（1971年7月号）
　［4］「総合交通体系と自動車」（岡野行秀・蔵下勝行）、今野源八郎・岡野行秀編『現代自動車交通論』第7章（東京大学出版会、1979年8月）
　［5］座談会（岡野行秀・角本良平・廣岡治哉・藤井彌太郎）「交通研究―昨日・今日・明日―」、『運輸と経済』（1991年11月号）
　［6］「総合交通政策」、金本良嗣・山内弘隆編『講座・公的規制と産業　④交通』第10章（NTT出版、1995年2月）
　［7］「歴史と経済政策―政府規制の評価―」、『創価経済論集』（1998年6月）
　［8］「CONVENTIONAL WISDOM からの脱却」、『高速道路と自動車』（2011年1月号）
　［9］「Meaningful Theorem と実証分析」、『運輸と経済』（2001年11月号）
　［10］「総合交通政策（体系）、イコール・フッティング」（絶筆稿、『運輸と経済』（2014年2月号に掲載予定が病状悪化で未完成）

第3章

国鉄改革——分割・民営化——

　戦後わが国交通政策での最大ともいえる転機をもたらしたのは1987（昭和62）年の国鉄改革—分割・民営化—である。国鉄改革は前章の総合交通体系論と独立には論じえないものであるが、本章では極力国鉄に論点を絞り、その経営悪化の経緯、それへの国鉄内外の対応と改革案、改革後の主要な動向を主たる対象として考察することとする。

1　国鉄経営悪化の経緯と対応

1−1　公社国鉄の経営悪化

　日本国有鉄道（以下、国鉄、場合によっては英文名の Japanese National Railways の頭文字の JNR と略称）は第2次世界大戦後の1949（昭和24）年6月1日に public corporation（公共企業体[1]）として発足した。交通市場において独占力を行使し得る間では経営は概ね安定していたものの、交通市場の競争化により1960年代初頭の1963（昭和38）年度での黒字を最後に、1964（昭和39）年度には単年度赤字に陥り、1966（昭和41）年度には利益積立金取り崩し後繰越欠損、さらに1971（昭和46）年度には償却前赤字となり、民間企業であればこの時点で経営破綻と判断される状況に至った。

　なお、国鉄が減価償却制度を採用したのが1948（昭和23）年で、それ以前は取替法によっていたので、1948（昭和23）年までの事業損益は単年度での大小を論ずるのは適切ではないが、初めて損失を生じたのは1945（昭和20）年度であった。1945（昭和20）年〜1948（昭和23）年度の累積欠損額は400億

---

1)　角本良平教授は『この国鉄をどうするか』（1977年6月、東洋経済新報社）で、「「誤訳」の公共企業体」として、GHQ の示唆する public corporation の内容から「公有」企業体と訳すべきだったと指摘している。

円に達した。1949（昭和24）年5月の旅客運賃、1950（昭和25）年1月の貨物運賃改定と1949（昭和24）年の人員整理で1950（昭和25）年度は黒字となった。その後数年は赤字決算であったものの、黒字経営となっていった。

［2］　しかし、1964（昭和39）年度の赤字転落後では一度も黒字転換することなく、わが国ではもとより、国際的にも大きな注目を浴びることになった国鉄改革論議を経て1987（昭和62）年4月1日に現行JR体制に移行、公社としてのJNR時代は37年10カ月で幕を降すこととなった。

　第1章（2－1）でも触れたように、単年度赤字に転落した1964（昭和39）年度では同年3月に新線建設を担う機関としての日本鉄道建設公団が設立されたこと、さらにはその後のJNRおよび改革により誕生したJR東海の稼ぎ頭になる東海道新幹線が10月に開業した等の状況から判断して、長らく交通機関の主力の座にあった国鉄の欠損は一時的なものであるとの楽観的ともいえる見方が多かった。しかし、現実には黒字への回復とはほど遠く、その対応策として政府は総合交通体系論を展開せざるを得なくなった―その適否は別として―のは前章で眺めたとおりである。国鉄改革と総合交通体系論とは極めて密接に関連しているのである。

1－2　国鉄最終年度の状況

　経営悪化の状況をJNR最終年度である1986（昭和61）年度の実情について確認しておこう。輸送量は旅客で1,983億人キロ（対前年度比＋0.4%）、貨物は201億トンキロ（同、△6.9%）であった。減少を続けていた旅客輸送量は1983（昭和58）年度で9年ぶりにプラスとなり、同年度は年度初めに運賃改定を実施したにもかかわらず人キロが増加、これは1966（昭和41）年度以来実に18年ぶりのことであった。一方、貨物は7年連続の減少であり、コンテナが3.7%の増加であるのに対し、車扱は△16.5%と輸送量全体での減少の主要因となった。いわゆる四セといわれる品目（石油、セメント、石灰石、石炭）以外は鉄道車扱輸送には不適であるとの荷主の判断を反映した結果であり、競争の激しくなった交通市場で鉄道貨物輸送、とりわけ車扱輸送はもはや競争力を失っていたのである。

単年度収支は営業収入（旅客収入、貨物収入、雑収入、助成金受入）3兆6,051億円に対し、営業経費（人件費、物件費、資本経費）は5兆3,052億円で、1兆7,001億円の営業損失であった。これに固定資産の売却収入等の営業外利益3,391億円を加えた純損失は1兆3,610億円に達した。それでも純損失の絶対額そのものは1984（昭和59）年度の1兆6,504億円、1985（昭和60）年度の1兆8,478億円に比べれば減少していた。国鉄財政悪化の状況への、国鉄サイドの遅ればせながらの対応の結果でもある。純損失の内訳は特定退職手当純損失5,153億円、特定年金損失相当分3,331億円、東北・上越新幹線の資本費相当分4,565億円（これら3つは異常支出と位置付けられた）で、一般損失相当額は561億円と、絶対額としては1984（昭和59）年度の5,768億円、1985（昭和60）年度の3,178億円に比し、大幅に改善されていた。繰越欠損はこの1兆3,610億円に1985（昭和60）年度分までを加えた15兆4,822億円、長期債務（政府からの長期借入金、鉄道債券の発行残高等）は何と25兆652億円と、同年度の一般会計予算54兆886億円の半分弱にも達するという莫大な額となっていたのである。

1－3　国鉄解体論、分割・民営化論

後に詳しく考察するが、それに先立って国鉄政策の主要な経緯を見ておこう。経営悪化に抜本的に対処するための国鉄改革は、最終的には日本国有鉄道再建監理委員会（通称、国鉄再建監理委員会）の提言「国鉄改革に関する意見─鉄道の未来を拓くために─」（1985（昭和60）年7月26日）を受けて、政府がこれを最大限尊重するとの基本方針から、分割・民営化という形で行われた。このこと以前に、明示的な文言としての国鉄解体論はすでに角本良平教授によって唱えられていた[2]。具体的政策としては、行政改革を論じた第2次臨時行政調査会（土光敏夫会長、以下第2臨調ないし土光臨調と略称）が3公社5現業[3]、特殊法人のあり方を扱った第4部会の報告（1982（昭和57）

---

2) 角本良平『高速化時代の終わり』（1975年3月、日経新書）
3) 3公社とは日本専売公社、日本国有鉄道、日本電信電話公社、5現業とは国有林事業、造幣局、印刷局、アルコール専売事業、郵政事業をいう。

年5月)、国鉄再建監理委員会の最終意見でその改革案が示された。土光臨調の第4部会での検討対象の中で国鉄はその一部であったものの、第4部会報告は国鉄改革そのものを扱ったとの印象を受けた人は少なくない。それほど国鉄財政の悪化、国鉄改革への注目度は高かったのである。（3－1参照）

　先に触れた、改革案に対する政府の最大限尊重の対処方針が示されたのは、最終意見書が発表された7月26日の直後の7月30日であった。政府は運輸大臣を本部長とする国鉄改革推進本部を立ち上げ、10月11日には「国鉄改革のための基本方針」を発表した。この点でも後述（第4章）の道路関係四公団改革でのケースと大きく異なっているのである。

　基本方針についての国会での国鉄改革特別委員会では公明党、民社党（現、民主党）は条件付き賛成、社会党（現、社民党）は採決拒否で非分割・非民営化を主張した[4]。国鉄改革関連8法は10月28日の衆議院本会議で、11月28日の参議院本会議で可決、これを受けて翌1987（昭和62）年4月1日に新生JR体制の出発となった。

2　経営悪化の要因と再建計画の挫折

2－1　経営悪化の要因と経営改善計画

　国鉄が経営悪化に陥った要因には少なからざる指摘がある。このことは数多く出版されている国鉄改革関連文献に委ね、ここでは岡野が［3］で示した、比較的軽視されている2つの要因に触れておこう。

---

[4]　1986（昭和61）年9月に国鉄改革法案が国会に提出され、改革案をめぐる新聞等マスメディアの議論が盛んに行われたが、この点については　角本良平『国鉄をめぐるマスメディアの動向』（1992年10月、交通新聞社）が詳しく論じており、貴重な記録となっている。

　なお、国鉄改革関連8法案とは、①日本国有鉄道改革法案、②旅客鉄道株式会社及び日本貨物鉄道株式会社に関する法律案、③新幹線鉄道保有機構法案、④日本国有鉄道清算事業団法案、⑤日本国有鉄道退職希望者及び日本国有鉄道清算事業団の職員の再就職の促進に関する特別措置法案、⑥日本国有鉄道の経営する事業の改善のために昭和61年度において緊急に講ずべき特別措置に関する法律（昭和61年法律第76号）、⑦鉄道事業法案、⑧日本国有鉄道改革法等施行法案　のことである。

第1は鉄道輸送に固有の技術的特性である非柔軟性であり、第2は技術革新の余地の小ささである。この二つの特性は、他の様々な条件の変化に対して強力に対応することを妨げるものとなる。戦後の産業構造の変化、石炭、木炭から石油へのエネルギー転換、国内材から輸入材への転換による輸送パターンの変化に、第1の特性では対応がほとんど不可能であるか、対応できたとしてもかなりの時間を要することになる。第2の特性により、既存の交通手段であるトラック、航空による同質の輸送サービスをより低い費用で提供し得る技術革新、カーフェリーのような新しい輸送形態の実用化等に対し、鉄道は費用節約的技術の面でハンディキャップを負わざるを得なかった。

また、国鉄財政悪化の大きな要因となった貨物輸送に関しては、国鉄が対応できなかったであろう、すなわち国鉄自体ではどうしようもなかった変化と、国鉄が対応を誤ったと思われる変化に分けて考えている。[4] 前者に属するものとして、①生産・消費など経済構造の変化に伴う貨物輸送需要の変化、②他の輸送手段の欠如ないし未発達であることから国鉄輸送が固有の利点（inherent advantage）を有するがゆえに利用されたわけではない貨物輸送の他輸送手段への転移を、後者に属するものとして、輸送サービスの質についての荷主の選好を軽視していたことを指摘する。

このような諸要因に対して、国鉄側が明示的に認識し得なかった部分を含め、国鉄では4次にわたる再建計画あるいは経営改善計画で対応しようとした。1969（昭和44）年から10年間を対象とした第1次再建計画は1978（昭和53）年度での償却後黒字達成を目標とし、利子補給、3回の運賃改定等の政策措置と要員削減、生産性向上運動の展開等の国鉄側の対策を内容とするものであったが、早くも4年目には目標達成が不可能であることが明らかとなり、1972（昭和47）年度を初年度とする10カ年計画の策定となった。国鉄側の生産性向上運動は俗称マル生運動とも呼ばれたが、現場の混乱を招くだけで終わってしまった。第2次再建計画は1973（昭和48）年度からの10年間を対象期間として、1982（昭和57）年度に収支均衡を目標とするものであったが、運賃改定の遅れ、地方ローカル線廃止の困難化、マル生運動の中止に伴

う現場の混乱、1975（昭和50）年11月26日から12月4日の8日間192時間に及ぶスト権奪還スト等の影響によりわずか3年で頓挫した。スト権奪還ストでは組合側が想定した、国鉄サービスの休止による国民生活の混乱とはならず、逆に「国鉄離れ」の状況さえ引き起こすこととなった。実態として旅客は私鉄へ、貨物はトラックへの転移を促した現象を「国鉄離れ」と表現したものであった。この「国鉄離れ」という言葉は同年の年末頃から専門家以外でも使われることとなったのである。1976（昭和51）年度には累積債務の棚上げ措置が採られるとともに、1973（昭和48）年から1974（昭和49）年にかけての第1次石油危機に伴う物価上昇に対する措置を含めた50％の運賃引き上げを実施し、1976（昭和51）〜1977（昭和52）年度の二年間で収支均衡を計画したが、収支の改善は出来ず初年度で頓挫した。1980（昭和55）年には「後のない計画」とされた経営改善計画が樹立されたが、これも成功にはいたらなかった。

2－2　政府の対応

　政府は1969（昭和44）年5月に、国鉄財政再建促進特別措置法によって1978（昭和53）年度を目標年次とする10年間にわたる再建計画を実施し、目標年度までに損益計算において利益が生じるよう財政の健全化を回復することを定めたが、わずか2年で破綻が確定した。再建計画が失敗に終わった最大の理由は、一言でいえば、計画そのものがその場凌ぎ的であったことである。ちなみに、岡野は再建計画が何度も作られ、いずれも失敗に終わったのは当然の結果であるとしてその理由を次のように綴っている。[8]「政府は財政補助を拡大したが、同時に赤字ローカル線問題など対処すべき問題には政治的配慮によって手をつけなかった。その意味で、再建計画の内容自体が整合的でなかったし、運賃引き上げによる収入増を図り収支改善を期待したが、輸送市場では、すでに自動車輸送など他の代替的交通手段の発達によって鉄道サービスの需要の運賃弾力性が以前より大きくなっていたので、いずれの運賃引き上げも予期しただけの収入増加をもたらさなかった。マル生運動の破綻以後、労使対立によって生産性は低下し、ストライキなどによっ

てサービスが悪化したので、鉄道輸送サービスの信頼性が失われ、貨物を中心とする"客（荷主）離れ"が進行した。」

政府は1972（昭和47）年の第68回国会で、運賃改定を図る国鉄運賃法の改正とセットで新しい財政再建計画を提示した。岡野は1972（昭和47）年5月8日の衆議院運輸委員会の聴聞会に参考人として呼ばれ、「当面の運賃引き上げはやむ負えないが、10年間に3年毎の運賃引き上げでなく財政再建についてドラスティックな措置をとって、将来の運賃引き上げの回数と幅をずっと少なくて済むようにすべきであり、経営が行き詰った民間企業に会社更生法を適用するのと同じように、累積債務の一掃を含む抜本的な対策を早くやることが急務である。」と述べた。［8］　この国鉄運賃法の改正及び財政再建促進特別措置法は、国会において審議未了となり実現しなかった。

このようなことから、国鉄の財政再建は第2次臨時行政調査会、国鉄再建監理委員会の手に委ねざるを得なくなったのである。

3　第2次臨時行政調査会答申（1982（昭和57）年5月17日）

3−1　第2次臨時行政調査会

国鉄改革が国鉄、政府内以外から公的に論じられたのは第2次臨時行政調査会（第2臨調）の第4部会においてであった。

そもそも臨時行政調査会は1961（昭和36）年に池田勇人内閣で発足、会長は佐藤喜一郎氏（三井銀行社長、経団連副会長）で1964（昭和39）年に答申を行い、内閣府の設置、内閣補佐官の設置を提案したが、大蔵官僚等の反発で挫折を余儀なくされた。第2臨調は1981（昭和56）年3月に鈴木善幸内閣、中曽根康弘行政管理庁長官の下で発足、土光敏夫氏（経団連名誉会長）が会長の任に当たった。土光氏の強力なリーダーシップから土光臨調とも呼ばれた。増税なき財政再建をスローガンに、行政の果たすべき役割と重要行政施策の在り方を論ずる第1部会（梅本純正部会長）、行政組織及び基本的行政制度の在り方を論ずる第2部会（山下勇部会長）、国と地方の機能分担等及び保護助成・規制監督行政の在り方を論ずる第3部会（亀井正夫部会長）、三公社

五現業、特殊法人等の在り方を論ずる第4部会（加藤寛部会長）が極めてエネルギッシュな検討を重ね、1982（昭和57）年7月に基本答申（行政改革に関する第3次答申）を行った。調査会自体の審議も1981（昭和56）年3月から、基本答申を行った1982（昭和57）年7月まで78回の審議を行ったのである[5]。

3－2　第4部会報告

第4部会の報告─三公社、特殊法人等の在り方について─が出されたのは1982（昭和57）年5月であった。第4部会は日本国有鉄道、日本電信電話公社、日本専売公社の三公社が主たる審議の対象とされたが、国鉄の経営状況が突出して悪かったことから、世間では「第4部会報告≒国鉄改革」であるとの認識さえもがなされたほどであった。第4部会も1981（昭和56）年9月から1982（昭和57）7月まで71回の審議を重ねた。

同報告では国鉄経営悪化の原因として、国鉄の役割の変化、企業性の欠如、労使関係、その他（異常に高い人件費比率、膨大な年金・退職金、巨大な利子負担）を挙げ、昭和44、47、48、51年および52年の相次ぐ再建計画は①需要量に対する過大な予測、②運賃値上げの遅れおよび値上げによる利用減、③計画実行までの法制整備の遅れ、④予想を上回る人件費、物件費等の費用増、の理由から挫折、実施中（同報告の発表時）の経営改善計画も貨物を中心とした輸送量の減少、特定地方交通線[6]対策の遅れ、さらには現在の労使関係等から、計画の達成は極めて困難と考えざるを得ない、という認識整理から出発している。

---

5)　第1次から第3次の答申全文及び関連する参考資料等は　臨時行政調査会事務局監修『臨調　緊急提言─臨時行政調査会第1次答申─』（1981年7月）、『臨調　許認可提言─臨時行政調査会第2次答申─』（1982年7月）、『臨調　基本提言─臨時行政調査会第3次答申─』（1982年6月）として、行政管理センターより発行された文献で確認され得る。

6)　1980（昭和55）年12月公布の「日本国有鉄道再建促進特別措置法」では、鉄道特性の発揮できる「幹線系線区」と鉄道特性が発揮し難い「地方交通線」に分けられ、特定地方交通線は後者の中での「バス事業による輸送を行うことが適当な路線（選定対象線）」とされ、輸送密度等に応じて第1次から第3次に分類されていた。

中核的結論であるのは経営形態の変更で、民営化の理由としては①経営者の企業意識の徹底、職場規律の確立による最大限の生産性向上、政治等の介入排除の実現を図る上で最も適している、②幅広く事業の拡大を図ることによって、採算性を確保することができる、の2点を挙げている。分割の理由を①全社一体となり効率的経営を行うためには、現在の巨大組織では、管理の限界を超えている、②国鉄の管理体制は、ややもすれば地域ごとの交通需要、賃金水準、経済の実態から遊離し、全国画一的な運営に陥りがちである、③地元の責任と意欲を喚起する、としている。分割の方法は地域分割、機能分離、地方交通線分割とし、地域分割は北海道、四国及び九州は独立、本州は数ブロックに分割とし、機能分離は自動車、船舶、工場、病院等についても極力分離等を図ること、地方交通線分割では特定地方交通線を含め地方交通線の私鉄への譲渡、第三セクター化、民営化を図ることの推進を述べているが、具体的な分割方法は後の国鉄再建監理委員会に委ねている。

報告の最後で行政委員会としての「国鉄再建監理委員会」を総理府に設置し、強力な実行体制を整備すると結んでいる。政府に国鉄再建監理委員会をおかず、国鉄に理事会に代わる国鉄再建監理委員会を設け、国鉄再建を強力に実施させるべきであるという意見、政府に国鉄再建監理委員会をおいた場合にも、国鉄の執行体制を強化すべきであるという各種の意見があった中での提案であった。

4　国鉄再建監理委員会意見（1985（昭和60）年7月26日）

4－1　分割・民営化の提案

第2臨調の第4部会報告及び基本答申での方針に基づき、日本国有鉄道再建監理委員会（以下、監理委と略称）が発足したのは1983（昭和58）年6月1日であった。委員長に第2臨調専門委員で第3部会長をつとめた亀井正夫氏（住友電工代表取締役会長）、委員長代理に同じく専門委員で同第4部会長の加藤寛氏（慶應義塾大学教授）、委員に隅谷三喜男氏（東京女子大学長）、住田正二氏（運輸経済研究センター理事長）、吉瀬維哉氏（日本開発銀行総裁）の5

名から成る組織であった。第2臨調とは独立に、しかし第2臨調と同様極めてエネルギッシュに2年余りの間130回を超える審議を重ね、1985（昭和60）年7月26日に「国鉄改革に関する意見―鉄道の未来を拓くために―」を内閣総理大臣に提出した[7]。

監理委での目的意識、提言内容の核心では、「国鉄改革の意義は、破綻に瀕している国鉄を交通市場の中での激しい競争に耐え得る事業体に変革し、国民生活充実のための重要な手段としての鉄道の役割と責任を十分に果たすことができるように国鉄事業を再生させることである。」（はじめに）、「……二年余りの間にわたり、あらゆる角度からの分析を行い、適切な改革方策を探求した結果、現行経営形態を抜本的に改め、分割・民営化することを基本とする本改革案が、国鉄事業を再生させ得る唯一の方策であり、かつ、国民の負担を最小限のものとする最善の方策であることを確信して提言した次第であります。」（提出日での亀井委員長談話）に尽くされている。とくに、そこに示された国鉄改革の意義は、総合交通体系論議で岡野が主張していたとおりのことである。

意見書は

第1章　国鉄改革についての基本認識
第2章　効率的な経営形態の確立
第3章　国鉄事業再建に際して解消すべき諸問題
第4章　改革の推進体制及び移行時期等

から構成されている。第1章で分割・民営化が必要である理由として、公社制度では①外部からの干渉、②経営の自主性の喪失、③不正常な労使関係、④事業範囲の制約が内在する等を挙げ、全国一元的組織の問題では、①経営管理の限界を超えていること、②画一的な運営、③不合理な依存関係、④競争意識が働かないこと、⑤分権化では対応できない、といった点がこれまた内在するとする。前者が民営化、後者が分割の提案に繋がっていく。

---

7)　国鉄再建監理委員会の意見書は、関係意見、参考資料をも併せて、日本国有鉄道再建監理委員会事務局監修『国鉄改革―鉄道の未来を拓くために―』（1985年8月、運輸振興協会）に所収されている。

4－2 具体的改革案

意見書が提唱している内容は次の①から⑤にまとめることができる。

① 分割のあり方は旅客会社は地域6分割（本州3社、三島3社、なお、三島会社である北海道、四国、九州は債務を免除の上、経営安定基金の運用益の交付）、新幹線はリース方式（上下分離方式）、貨物会社は全国1社、鉄道通信、鉄道情報システム、鉄道総合技術研究所は分離独立、新事業体の設立後自らは鉄道事業等を経営しなくなった国鉄を長期債務の処理、資産の管理・処分、余剰人員対策を行う清算法人的組織としての「旧国鉄」（後の国鉄清算事業団）に改組

② 民営化は国鉄が100％現物出資の持ち株会社を経て純民営会社化

③ 職員数は1987（昭和62）年度首の27.6万人（新規採用の原則停止を前提）を新事業体の適正要因規模の18.3万人に減らし、その差9.3万人を余剰人員とし、2万人を希望退職、3.2万人を旅客会社に移籍、4.1万人を旧国鉄が雇用を継続し、再就職の斡旋をする

④ 長期債務等37.3兆円のうち旧国鉄で処理される25.9兆円から非事業用用地の売却収入5.8兆円、新事業体出資の株式売却収入0.6兆円、新幹線保有主体（後の新幹線鉄道保有機構）からの収入2.8兆円を引いてもなお最終的に残る16.7兆円は国民負担とする

⑤ 新組織の発足は1986（昭和61）年4月1日とする

というものであった。

　地域分割の意図は、①適切な経営管理—経営規模—、②地域の実情—鉄道輸送サービスの市場構造—に即した運営、③不合理な依存関係—内部（相互）補助—の排除であった。監理委での議論として、①と③に関してはなるべく小さい経営単位への分割が望ましいが、①について最適企業規模は職員数との問題から、様々な意見が出された。②については、地域によって一体的な市場の広がりに大小があること、収支バランスが達成できる安定的な経営基盤を確保する上で、過度の細分化・バランスを避ける必要があった。地域6分割（旅客部門）はこのことを勘案した上で提案されたが、改革後では更なる細分割が必要ではなかったのかとの意見も監理委とは別個に出された。本州3分割、北海道、四国、九州の三島は独立とされたが、市場環境の厳しい三島の扱いは議論の対象となった。岡野は三島を独立させ、効率的な

運営をしても不可避な鉄道の営業損失を運用利子収入でカバーできる程度の基金—いわゆる持参金—を与えることを主張した。[8] 年々の営業損失を公的助成によって補填するのでは経営効率が図れないことを考慮した上での提案であった。岡野の主張が影響したかどうかは確認され得ないが、監理委は最終的に岡野と同じ案を採用した。本州の３分割は旅客流動のまとまりから３つのグループ[8]を割り出し、おのおののグループ内完結度が98％にも達するということから、東日本、東海、西日本とした。先の、更なる再分割の必要性の事後的意見は、経営の独立性から、本州３分割が大きすぎなかったのではとのことへのものである。新幹線は東海道新幹線と東北・上越、山陽の他の新幹線との収益差が大きいことから、線路部分を一括保有する新幹線鉄道保有機構を設立し、各新幹線のリース料を、収益性を調整したものとするリース方式が採られた。貨物部門について意見書には、「旅客部門から経営を分離し、その事業特性に沿って全国一元的に鉄道貨物輸送を運営できる独立した事業体とする。」と記されているが、具体的な方策は先送りされた[9]。

4－3　民営化後のあり方

民営化後の経営形態として、意見書は「経営効率性を最大限に確保する観点から見ると、競争関係にある大手私鉄等と同様の株式会社形態が最も適切

---

8)　意見書での３つのグループは
　①東京の国電区間を中心とする首都圏の交通と、首都圏と強い結びつきを有する東北地方及び甲信越地方の都市間の流動を担う東北・上越新幹線等を一体としたグループ
　②都市間輸送の分野では最も輸送量の多い首都圏と近畿圏の二大都市圏間の流動を担う東海道新幹線と、名古屋を中心としたまとまりを持つ中京圏の交通を一体としたグループ
　③京阪神の国電区間を中心とする近畿圏の交通と、近畿圏との強い結びつきを有する西日本の都市間の流動を担う山陽新幹線等及び北陸地方とを一体としたグループ
　であり、それぞれを東日本、東海、西日本の各社が担当するものとされた。
9)　なお、貨物部門の扱いに関しては、第２臨調、監理委での議論の前に、角本良平教授によるいわゆる「国鉄貨物安楽死論」（日本経済調査協議会『交通論議における迷信とタブー』（1976年６月））が提唱されたことがあった。

である。しかしながら、国鉄の分割・民営化は国家の重要政策として国自らがその運営体制づくりに直接関与する必要があること、分割・民営化に当たって鉄道事業の停廃は一刻たりとも許されないことなどを勘案して、その円滑かつ確実な実施の観点から国自らがイニシアティブをもって強制的に設立する特殊会社とする。」と綴っている。また、三島会社は経営安定基金の設立による運用益の充当や国鉄の長期債務を引き継がないとした上で、本州3社と同様の特殊会社とする、これら特殊会社はできる限り早期に純民間会社に移行する、とされている。

意見書が解決すべき諸問題としたのは、大別して余剰人員対策、長期債務の処理、債務処理等を行う組織であった。余剰人員対策では、民鉄並みの生産性を前提とした効率的要員配置とすべきことから、適正要因規模は約18.3万人とし、1987（昭和62）年首において予測される在籍職員数約26.6万人との差が約9.3万人になるとして、新組織移行前に希望退職者2万人程度、移行時点で適正要因規模の2割程度である約3.2万人を旅客鉄道会社に移籍、残る約4.1万人を「旧国鉄」の所属として、そこでの職業指導、教育訓練等を3年を限度に、国鉄関連企業、国の各機関、政府関係法人、地方公共団体等の公的部門、一般産業界に協力を仰ぐことを求めた。

5 「意見書」の提言を受けて

5-1 長期債務処理の失敗

国鉄改革では鉄道事業の再生は新生JR7社の責任、国鉄清算事業団に移された長期債務の処理は政府の責任とされた。この原点が忘れられ1996（平成8）年春には有力企業トップ100人へのアンケート調査で国鉄清算事業団の債務について「JR本州3社はある程度負担すべきだが、公的資金導入もやむを得ない」とする見解が過半を占めるといった状況になった。債務処理には後で見るように政府の失敗があったことへの分析、新生JRが14.5兆円の債務を負担しながら利益を出せる体質になったことを全く評価しないといってよい見解（措置）を岡野は「最悪の措置」と批判した。[9]

意見書が示した処理すべき長期債務等37.3兆円の配分は表3－1のとおり、①国鉄長期債務25.4兆円、②年金負担等4.9兆円、③三島基金0.9兆円、④余剰人員対策費0.9兆円、⑤鉄建公団建設施設に係る資本費負担4.6兆円、⑥本四公団建設施設に係る資本費負担[10]0.6兆円であった。

政府は監理委が試算した国民負担16.7兆円を最終的には13.8兆円とした。新体制がスタートする1987（昭和62）年期首において処理しなければならない国鉄長期債務等の総額は37.1兆円と算定され、これを新事業体が11.6兆円（JR東日本、東海、西日本、貨物が計5.9兆円、新幹線鉄道保有機構が5.7兆円）を負担、残る25.5兆円を国鉄清算事業団が継承、処理することとされた。新幹線鉄道保有機構は自らの承継債務5.7兆円に加えて、既設4新幹線の譲渡に際して再調達価額と簿価との差額2.9兆円を清算事業団に対して負担することとされていたことから、計8.5兆円をJR本州3社がリース料の支払いという形で負担することになるため、JR本州3社とJR貨物の実質的負担総額は14.5兆円となった。長期債務等の負担に対しての清算事業団の自主財源は用地売却で7.7兆円、JR7社の株式売却で0.5兆円、帝都高速度交通営団（現在は民営化され、2004（平成16）年4月1日に東京地下鉄株式会社として発足）に対する出資分0.7兆円、新幹線鉄道保有機構に対する債権2.9兆円の計11.8兆円であり、これと清算事業団承継分25.5兆円との差額である13.8兆円が国民負担とされたのである。（図3－1、3－2）

しかし、この計画は破綻してしまった[11]。清算事業団が継承した用地と所有するJR株式の売却が順調に進めば13.8兆円はさらに減額できる可能性があったにもかかわらず、バブル経済の進行とその崩壊が原因ではあるものの、政府の対応が極めてまずかったためである。折からの地価高騰に旧国鉄

---

10) 本四道路の神戸〜鳴門ルートの大鳴門橋も当初鉄道併用橋として着手されていた（建設担当主体は本四公団）。
11) 『平成11年度 運輸白書』でも、25.5兆円とされた清算事業団の長期債務は1998（平成10）年度当初には約27.7兆円に増加することになり、売却による清算事業団資産の減少を考えれば、清算事業団が資産処分収入等によって毎年の金利及び年金等の負担を賄いつつ債務の償還等を行う従来のスキームはもはや破綻していると考えられる、と記述されている。

表3－1　処理すべき長期債務等の配分

(単位：兆円)

長期債務等の種類	総額	新事業体の負担するもの（注1）	「旧国鉄」において処理されるもの
(1) 国鉄長期債務	25.4	8.4（注2）	17.0
(2) 年金負担等	4.9		4.9
① 追加費用	4.7		4.7
② 公経済負担	0.1		0.1
③ 恩給負担金	0.1		0.1
(3) 3島会社基金	0.9		0.9
(4) 余剰人員対策費	0.9		0.9
(5) 鉄建公団建設施設に係る資本費負担	4.6	3.0	1.6
① 上越新幹線	1.9	1.9	
② 本州の旅客鉄道会社、鉄道貨物会社の経営する鉄道施設	1.1	1.1	
③ その他の鉄建公団建設施設	1.6		1.6
(a) 青函トンネル	1.1		1.1
(b) 北海道会社、九州会社の経営する鉄道施設	0.1		0.1
(c) 第三セクター等の経営する鉄道施設	0.2		0.2
(d) 工事凍結中の鉄道施設	0.2		0.2
(6) 本四公団建設施設に係る資本費負担	0.6		0.6
① 児島・坂出ルート	0.6		0.6
② 神戸・鳴門ルート	0.03		0.03
計	37.3	11.4	25.9
(7) 新幹線資産の再調達価額と簿価との差額相当分		2.8	△2.8
再計	37.3	14.2	23.1
非事業用地売却収入			△5.8
新事業体出資株式売却収入			△0.6
計			16.7

注1：新事業体の負担するもののうち、新幹線保有主体を経由して処理されるものは次のとおりである。
  (1) 国鉄長期債務（東海道、山陽、東北新幹線分）　3.8兆円
  (5) ① 上越新幹線　1.9
     計　5.7
  (7) 新幹線資産の再調達価額と簿価との差額相当分　2.8
     再計　8.5
注2：新事業体に移籍する者の国鉄在職期間分に係る退職手当は、新事業体が引き継いで支払うが、これに充てるため、新事業体の発足時に民間並みの退職給与引当金を設定することとし、当該引当金相当額を新事業体の長期債務引継ぎ額より控除した。

跡地の売却はこれに拍車をかけるという批判から、これに対処するためとして政府は1987（昭和62）年10月16日に「緊急土地対策要綱」を閣議決定し

図3-1　国鉄長期債務等の内容

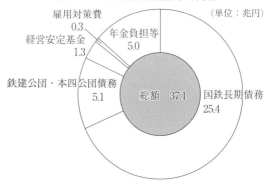

（単位：兆円）

○国鉄長期債務
・国鉄清算事業団の運営費等0.4兆円を含む。
○鉄建公団・本四公団債務
・上越新幹線建設分　1.8兆円
・青函トンネル建設費分　1.1兆円
・主要幹線・大都市交通の建設費分等　1.6兆円
・本四連絡橋建設費のうち鉄道施設分　0.6兆円
○経営安定基金
・営業損益で赤字が見込まれるJR北海道、JR四国、JR九州の3社の経営を、その運用益で支援するために設けられた基金
○雇用対策費
・国鉄清算事業団に所属する余剰人員に対する退職手当の支給、再就職促進のための教育訓練の実施等に要する費用
○年金負担等
・昭和31年の年金制度の改正に伴い、事業主の責任として、国鉄が将来にわたり支払い義務を負っている年金負担

図3-2　国鉄長期債務等の処理

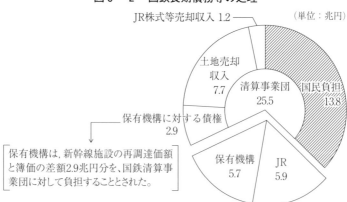

（単位：兆円）

[保有機構は、新幹線施設の再調達価額と簿価の差額2.9兆円分を、国鉄清算事業団に対して負担することとされた。]

注：平成3年10月1日に保有機構は解散し、その債務は、同日設立された鉄道整備基金に継承された。
出所：両図とも『平成11年度　運輸白書』

た。要綱は「旧国鉄用地及び国公有地の売却は、公共用を除き、地価の異常高騰が沈静化するまで見合わせる。旧国鉄用地は、清算事業団の確実かつ円滑な運営確保に留意し、地価を顕在化させない処分について速やかに結論を得る。」として、一般競争入札を禁止、随意契約は地方自治体にのみ可能とした。翌1988（昭和63）年1月26日に、政府は「債務の償還等に関する基本方針」を閣議決定した。そこに示された土地処分の規定から、一般競争入札の再開は「緊急土地対策要綱」から4年以上を経た1992（平成4）年1月になってからのことであった。岡野はこの4年余の間政府が解決を先延ばしにした責任のつけは大きいと断罪した。[9] 利子支払いが減少するどころか、逆に借入金が増え、年間1兆円を超える利子負担になってしまったからである。都心部の地価高騰での高値で売却できる一方、旧国鉄の跡地売却で土地の供給を増大させ、需給を緩和する効果もあったのに、結果として経済理論に反する「一般競争入札は地価高騰をあおる」という俗説に走ってしまったのである。

　バブル経済崩壊での株式市場の長期停滞によるJR株式の売却が遅れたのも誤算であった。土地売却より額は小さいとはいえ、借入金の増大を招くこととなったのである。

　これらのことをさておき、好業績だけを理由にJR本州3社の負担を求めることは本末転倒ではなかろうか。旧国鉄の長期債務処理問題は論議を呼んだが、1996（平成8）年秋から1997（平成9）年春にかけて自民党政調幹部は1998（平成10）年2月での国鉄清算事業団債務処理法案の原案を固めた。その内容は①国鉄清算事業団を1998（平成10）年10月1日に解散する[12]、②15.8兆円の有利子負債を国の一般会計が引き継ぐ、③4.3兆円の年金債務のうち3,600億円をJR各社に負担させる、というものであった。JR各社はこの原案にこぞって反対を唱えたが、岡野もJR各社の主張はもっともなものと支持した。[10]　岡野はすでに1996（平成8）年12月の自民党の国鉄長期債務問題特別小委員会で、また、1997（平成9）年4月の衆議院運輸委員会

---

12) 国鉄清算事業団は1998（平成10）年10月に解散し、その業務は日本鉄道建設公団国鉄清算事業本部、その後、現在の鉄道建設・運輸施設整備支援機構に承継された。

で「旧国鉄長期債務処理のために新たにJR各社に負担を求めるのは不当であるし、また望ましくない。」との見解を述べていたからである。

　1996（平成8）年夏ごろから1997（平成9）年度予算案との関連で、長期債務処理の財源探しは始まっていた。交通機関利用者全体に負担を求める交通利用税（仮称）、JRの運賃に税を上乗せする鉄道利用税（仮称）、揮発油税等の道路特定財源の転用、増税による国民負担などが候補となった。道路特定財源の転用については、その後の具体的な動向の代表例を第5章の附論にて紹介する。これらの論拠には無理があることから、岡野はこのような政治介入を避ける上で株式の早期売却を進め、JRの完全民営化、完全なる自主経営を実現すべきだとの主張を改めて繰り返している。[10]

5-2　株式公開・売却

　先に記したように、岡野は改革後できる限り早くJR株式の公開・売却を終えるべきだと主張していたが、実際に着手されたのはJR東日本株（400万株中250万株）の1993（平成5）年10月であった。JR西日本は阪神・淡路大震災の影響で1996（平成8）年まで延期となり、JR東海は1997（平成9）年10月になってからのことであった。JR本州3社の全株式売却は東日本が2002（平成14）年6月、西日本が2004（平成16）年3月、東海が2006（平成18）年4月と21世紀に入ってからのことであった。三島会社、貨物会社は未だ政府（国鉄清算事業団→鉄道建設・運輸施設整備支援機構）の100％保有である。このうち、JR九州は収益力の向上から2016（平成28）年度までの株式上場に向けての検討に入ったと伝えられている[13]。

　1990（平成2）年3月に「JR株式基本問題検討懇談会」が設置され、同懇談会は翌年5月運輸大臣に「JR株式の売却に関する意見」を提出した。その内容は①諸条件が整い次第できるだけ早く売却すること、②公正な価格の決定と国民に広く購入機会を提供するために、売却株式の一部を入札による

---

13)　JR北海道、四国が2011（平成23）年度よりの経営安定化特別債券利息を受け取っても、同年度は経常損失（翌年度は経常利益）となっているのに対し、九州はこの利息を受け取っておらずに経常利益を計上している。

売却価格を決定し、その価格で抽選によって売り出すこと、③売却対象の株式が多いので、株式市場への影響を配慮するとともに情報の適切な開示が必要であること、④株式市場が不安定なので（当時）、市場動向を見極めて弾力的に対処すること、というものであった。バブル経済崩壊後の株式市場が低迷を続けたため、現実には最初の売却はこの2年後となったのである。

なお、株式上場の要件は、①純資産基準は、純資産の額が10億円以上、かつ、資本金の2倍以上であること、②利益基準は、利益の額が上場3年前及び2年前で資本金の3割以上、上場前年で資本金の4割以上であること、③配当基準は、上場前年度において配当を行っており、かつ、上場後継続して1割配当を行える見込みのあること等を要するものであるとされており、本州3社がこれを満たしていたのはいうまでもない。

5-3 新幹線リース方式（一括保有方式）から上下一体方式へ

監理委の意見書での新幹線の扱いは地域3分割どおりではなかった。東海道は東京〜新大阪間で東海、山陽は新大阪〜博多間で西日本、上越は上野〜新潟間、東北は上野〜盛岡間で東日本の担当とされた。その形態は、新幹線保有主体（→新幹線鉄道保有機構）が4新幹線の車両等を除く資産を一括保有し、30年の元利均等償還で、収益に応じた利用料で旅客会社に貸し付ける方式、いわゆる新幹線リース方式となった。今日の上下分離のはしりともいえるこの方式の提案は、意見書の目玉[14]ともいわれた。新幹線鉄道保有機構の引き継ぎ資産は、①国鉄長期債務（東海道、山陽、東北分）3.8兆円、②上越分1.9兆円、③再調達価格と簿価との差額相当分2.8兆円、計8.5兆円とされた。30年の元利均等償還は4新幹線の平均耐用年数に基づくものであった。リース料には次のような収益調整が図られ、線路延長比率では最も小さい東海が最も高く設定された。

---

[14] 当時、体操競技で最難度の技を「ウルトラC」と呼んでいたことから、新幹線リース方式は国鉄改革での「ウルトラC」とも呼ばれた。

	リース料	線路延長比率
東日本	2,191億円（30.1%）	41.8%
東　海	4,326億円（59.4%）	28.0%
西日本	763億円（10.5%）	30.2%
計	7,280億円（100.0%）	100.0%

　上記リース料は東海道の収益力が高いことが反映された結果である。すなわち、リース料は、概算総計年額（債務の利払額、租税公課、管理費、鉄道建設公団に対する交付金等新幹線鉄道保有機構が業務実施に要する年額）を、各新幹線の収益の見通し、施設の価額、整備新幹線の建設が既設新幹線に係る旅客鉄道事業の経営に与える影響等を勘案して運輸大臣が各社毎に定める比率（固定制）で配分したものである。リース制が採用されたのは、①東海道新幹線とそれ以外の東北、上越、山陽の各新幹線との間の収益格差が大きいこと、②建設時期の違いによる建設費の大きさに差異があったこと、が根拠とされている。これは高速自動車国道における料金プール制のケースと本質において変わるものではない。

　しかし、このリース制は4年半で姿を消すこととなった。JR各社の株式売却に当たり、JR東海の財務体質で東海道新幹線への依存率が極めて高いことから、その資産が自らのものではないことへの問題点の摘出を契機に、1991（平成3）年に成立した「新幹線鉄道に係る鉄道施設の譲渡等に関する法律（譲渡法）」により、同年10月1日にJR本州3社に譲渡することになったのである。1991（平成3）年度の『運輸白書』も、リース制の問題点として、①新幹線資産に係る減価償却費を計上できないため、投資に関し借入金依存度が高くなるというJR東海の財務体質上の問題が顕在化していること、②リース期間終了後の譲渡条件がその時点における立法政策に委ねられており、現時点において新幹線に係る巨額の資産及び債務を確定しえないこと、と指摘している[15]。現実的な問題点である①についてはともかく、②が先送りされたのは、将来の想定が困難であるとはいえ、少なからず疑問が残るものである。1991（平成3）年10月1日に新幹線資産は総額9.2兆円でJR

本州3社に譲渡された。承継簿価である建設債務額5兆6,542億円を国鉄改革時での再評価額に換算（8兆5,410億円）し、その差額約2.9兆円は国鉄清算事業団の長期債務の償還に充てるとされた。再評価額はさらに再々評価額9.2兆円に換算された。再評価額の一部が償還され約8.1兆円となったが、1.1兆円を上乗せすることで9.2兆円の再々評価額とされたのである。3社に対する配分比率は新幹線についてのみで調整された結果、譲渡価額（比率）は東日本3兆1,070億円（33.7％）、東海5兆957億円（55.7％）、西日本9,741億円（10.6％）とされ、ここでも東海の譲渡価額・比率が最も高いものとなっている。

　なお、これに伴い1986（昭和61）年4月に設立された新幹線鉄道保有機構は1991（平成3）年10月をもって解散、鉄道整備基金に改組された。鉄道整備基金も1997（平成9）年10月に解散、その業務は運輸施設整備事業団に承継された。組織の改編はさらに続き、運輸施設整備事業団の業務は2003（平成15）年10月に設立された鉄道建設・運輸施設整備支援機構（鉄道・運輸機構）に引き継がれている。

5－4　三島会社（経営安定基金）と貨物会社（第2種鉄道事業者）

　北海道、四国、九州の三島会社については、意見書では旅客流動の地域内完結度が95～99％と極めて高いことから独立、いずれも営業損益で赤字の生じることが見込まれるとの判断で、長期債務を引き継がないとした上で、経営基盤の確立を図るとされた。その具体策として、三島会社基金（経営安定基金）が設立され、その額は1.0兆円であるが、このうち土地の見合いで設定される分の0.1兆円を差し引いた0.9兆円についての財源が必要となり、これを一定の期間内に「旧国鉄」において処理するとされた。結果として、三島会社の設立、経営安定基金の設立は岡野の主張［8］どおりのものであった。

---

15)　JR東海の葛西敬之氏（国鉄改革の三羽ガラスの一人とも呼ばれた）は『未完の「国鉄改革」―巨大組織の崩壊と再生―』（2001年2月、東洋経済新報社）で、「欠陥制度＝新幹線保有機構」との批判を行っている。

設立された経営安定基金の総額は1兆2,781億円であり、JR北海道に6,822億円、JR四国に2,812億円、JR九州に3,877億円の割り当てとなり、三島会社が国鉄清算事業団に債権の形をとり、同事業団が金利7.3％の利子相当分を元利均等方式で年2回三島会社に支払うという仕組みで始められたが、1997（平成9）年4月からは三島会社が全額自主運用することとなった。三島会社の中でJR北海道への割当額が最大となったのは、先にも述べたように、1981（昭和56）年に存続の決まった2,500kmの路線を維持するためでもあった。

　その後の問題は、当時想定され得なかった市場金利の低下の継続であり、これへの対応策が大きな課題となっている。あらかじめ基金の額を大きく（基準金利を低めに設定）しておけばとの事後的意見もあり得るが、当時の議論をめぐる中では三島会社だけに対して「不当な大盤振る舞い」との批判が出された可能性が大であることから、現実的とはいえない。JR20年を振り返った際の岡野の願いでもある「日本でも今後は景気回復とともに金利の底離れが進むものと思われるが、三島の経営が確実に維持できる程度の運用益をもたらす市場金利に戻って欲しい。」[11]　ということが今でも期待されよう。

　貨物会社は、輸送距離が長く、往路復路が不均衡になり易い貨物輸送需要のために、旅客部門から独立して全国一元的な事業運営を行うことが望ましいとして地域分割されなかった。その際、線路（レール）等の基礎施設を旅客会社から借り受け事業運営を行うこととされたので、旅客会社とは異なり、第2種鉄道事業者となることとなった。インフラと運営の上下分離方式が採用されたのである。線路使用料について、意見書は具体的に踏み込まず、以降の検討に委ねられた。意見書が提出された後の1985（昭和60）年11月、運輸省は「新しい貨物鉄道会社のあり方について」を発表し、貨物会社が負担すべき線路使用料は「回避可能経費[16]」（貨物輸送がなければその発生が

---

16)　論理的には、旅客会社の保有する線路は国鉄時代のものを引き継いだものであり、これを貨物会社が追加的に利用するのであるという解釈からは「増分費用（incremental cost）」とする方が自然ではなかろうか。

回避されると認められる経費)」とされ、その決定は旅客会社との協議に委ねられたが、旅客会社にとってもインセンティブ（誘因）のあるものとすべきだとされる中で、貨物会社の経営が安定するまでの間は回避可能経費に、その0.1％を加算するものとされた。このいわゆるアボイダブルコスト・ルール（アボ・ルール）は1987（昭和62）年4月から2007（平成19）年3月までの20年間の適用とされたが、JR旅客会社からは線路使用料が費用を十分に負担したものではないとの反論も寄せられた。アボ・ルールに対して岡野は、改革前は旅客会社の線路の稼働率が高くなかったことから、その空きを貨物会社に利用させることで旅客会社はリース料を得られ、貨物会社もインフラ・コストを低く抑えられるので、両者にとってきわめて合理的であったとした上で、改革後の旅客会社の通勤列車等の増発で状況が変わり、貨物会社は貨物輸送需要に応じる列車の運行ができなくなったことから、解決策・課題を論じた。[9]　ひとつの解決策としてボトルネック区間をバイパスする貨物専用線の整備を挙げたが、投資効率の点で問題が残るとした。また、整備新幹線の建設で1990（平成2）年12月の政府・与党合意により切り離される並行在来線（JRからの経営分離）の貨物会社の引き継ぎもあり得るが、これもコストの点で問題が残り、大きな課題であるとした。

　線路使用料問題は当初旅客会社と貨物会社で協議すべきものであったが、新幹線の整備に伴い旅客会社から経営分離された並行在来線の引き受けをした第3セクター会社と貨物会社の間で論じられることとなり、結論としてはアボイダブルコスト相当額の貨物調整金を加えたものとされた。貨物調整金制度は、JR旅客会社が鉄道建設公団の新幹線貸付料として支払う一部を、貨物会社に調整金として交付するものである。その論理整合性には反論も寄せられており、もはや岡野のコメントを聞けないのが残念である。

　なお、国鉄改革論議に関し、岡野の発案で、岡野が保持していた監理委の膨大な資料（段ボール数箱分に相当）を整理、関心の高い海外諸国に改革のプロセス・検討内容・意義等を伝えることを意図して英文にて取りまとめる計画（一部着手）であったが、諸般の事情で実現されなかったことが今とな

っては悔やまれるのである。

6 国鉄改革の評価

　国鉄改革に対して、とりわけ改革論議の出発点でのマスメディアは大半が批判的であった。具体的には角本良平教授の『国鉄改革をめぐるマスメディアの動向』に詳しいが、岡野はこれら一連の批判を　①民営化されれば利潤追求に走り安全性が犠牲にされる、②分割されれば複数会社間にまたがるブルートレインなどが運行されなくなったり、境界駅での乗り換えを強要される、③会社間にまたがる利用については長距離逓減がなくなり、運賃併算制が適用され運賃の負担増になる、④長距離列車ダイヤの設定が困難になる、と整理し、今日では全く自明なこととなっているが、そのような近視眼的懸念はないと退けた。その上で、1986（昭和61）年10月16日の衆議院の国鉄改革に関する特別委員会聴聞会に公述人として出席、「国鉄にはもともと優れた人たちがおり、その技術も非常に優れている。これはあたかもプロ野球で素質に恵まれているけれども実力を発揮できないでいる選手が、トレードで他の球団に移った途端に環境が良くなったために実力を発揮するケース、こういうケースが分割・民営化に伴う国鉄の将来であると考えております。」と、分割・民営化を積極的に支持する見解を述べた。［8］　当時では、改革案の賛成論者は少数派であった中での意見である。

　岡野は改革10年での評価を［8］、［9］で、20年目については［11］で行っている。10年目については、民営化の評価として、当時のJRの全株式は公開・売却されていなかったが、経営の意思決定が基本的に経営責任者に委ねられるようになったという点で実質的に民営化され、経営責任者はダイヤ改正による新企画列車を含む列車増発、新しい車両の導入、車両の軽量化、新幹線を中心とする列車速度向上の技術開発、安全確保のための投資等々積極的に努力したこと、運賃を上げないで利用者を増やして収益をあげるというオーソドックスな経営方針を貫き、一部路線では民鉄より安い運賃を実現したことから、新生JRの経営責任者に課された、国鉄改革の最大目的の任

務は達成されたと評価している。

　分割については、現行の分割はまずまず正解だったとの判断を行っている。監理委では、三島はそれぞれ独立の会社とすること、本州に関しては東西二分割案があった。岡野は監理委で意見を求められた際、①三島をそれぞれ独立させること、②具体的な分割については、地理的に不自然でない分割、を主張し、採算性の良い路線と悪い路線を何とか組み合わせて当初から各社の収支が償えるように分割すること―東西二分割案はこれに相当―には反対を表明した。1920年代に英国政府が120社あった民鉄を四つのグループに統合した時、この考え方を採用して地理的に複雑で不自然な統合をした結果、その後の産業構造の変化によってグループ間の収益性に凹凸が生じて失敗した例の教訓に基づく反対論であった。旅客流動の地域内完結度を基準とした分割は、地域内路線の内部補助の存否を地域住民が判断できるというメリットの方を岡野は評価したのである。

　改革後10年でも少なからざる方面からの批判が続いたが、それらの意見は改革直後からのものでもあった。批判は、安全性が犠牲にされているとのもの、人員整理と累積債務の国鉄清算事業団への棚上げから、国鉄のままでも同じことをすれば黒字になっているというもの、に大別された。これらに対する岡野の反論は、前者に関しては、JR各社は安全投資と安全教育に力を注ぎ、JR 7社の安定・安全輸送に関する設備投資は1988（昭和63）〜1995（平成7）年度の8年間で7,570億円に達し、事故件数は国鉄時代の1983（昭和58）年度に比べて一貫して減少、1994（平成6）年度にはほぼ1／2強になっていると指摘している。後者に関しては、国鉄とJR時代の決算の比較を1986（昭和61）年度と1987（昭和62）年度で行っているのは、改革が1985（昭和60）年度から実質上スタートしているので正しくない、JR初年度（1987年度）の営業費が前年より増加しているとの批判は、企業経営者の投資行動を理解していない、棚上げ論では、国鉄時代の2度にわたる長期債務棚上げを含む財政再建計画破綻への説明がない、「利益隠し」の批判は、民間企業としてのJRの財務体質強化から見当違いであると反論しているのである。

改革後20年では、とりわけ改革前に岡野自ら最も気掛かりであったとする三島会社問題について論じている。三島会社の独立は、そのようにしないと内部補助に依存して、それぞれの地域に残る真の不採算路線の整理が困難だからとの考え方からの主張であった。独立させる上では、効率的な運営であっても回避不可能な毎年の赤字を補填できる基金の設立を提案した。監理委の内外では三島会社は負債を分担しないばかりではなく資金を与えられることになるので、新旅客会社との間で差別的扱いが行われるのはおかしいとの主張もあったが、岡野はこれ以外に三島会社対策はないとして、監理委事務局次長の林淳司氏にこれで頑張って欲しいと激励した。三島会社への対策が岡野案に沿う形で実現したのは林氏の努力の結果だと推測している。[11]

　意見書では「3島会社基金」とされ、その後経営安定基金と命名された、いわゆる持参金による三島会社の運営維持についての2つの問題は、基金の大きさ、実質的効果に係るものであった。第1の問題は不可避的に発生する赤字の大きさによって経営安定基金の大きさ（額）も変わってくるが、運用によって得られる利子収入では赤字の補填ができなくなるという懸念であった。第2の問題は市場利子率の動向であった。岡野は、最大限の努力をしても不可避的に赤字が増える場合や、市場利子率が下がり続けて運用収入が大きく減少し累積欠損が生じるような場合には、改めて政府が経営安定基金を増額する以外ないと割り切っていた[17]。[11]　現実には経営安定基金の大きさは利子率7.3％を前提に決められていたので、バブル後の不況進行とともに市場金利が下がり続け、危惧したように運用利子収入が減少して営業損失を補填できない状況となったのである。この点で経営安定基金制度の欠陥のひとつである「予期せぬ市場金利低下」がこれほど大きく長続きしたことは岡野の全くの想定外であり、欠陥が現実となってしまったことは残念であると振り返っている。[11]　今後は三島会社の経営が確実に維持できる程度の

---

17)　改革10年での評価を行った［9］では、「地域の経営安定基金を増額することも考えられるが、現在（執筆時）の超低利金利がさらに長期にわたって続くとは考えられないので、当面期限が到来する固定資産税等の減免措置を継続するのが妥当な策ではないだろうか。」と述べている。

運用益をもたらす市場金利に戻って欲しいと述懐したのであった。

　三島会社の将来について、JR九州は心配なく、JR四国は九州より大変そうであるが、バス事業が路線の充実・強化によって収益に貢献できれば、現在（執筆当時）は寄与度の小さい関連事業も鉄道事業赤字補填に寄与できるであろうとしたが、JR北海道には危惧の念を示した。新しく開発されたDMV（Dual Mode Vehicle）を活用するなどの工夫を含めて、増えた不採算路線の経営をどうすべきであるのかの再検討が迫られるかもしれないことが最も気掛かりであるとした。［11］　昨今、JR九州が株式公開・売却の方針の検討を表明していること、JR北海道が相次ぐ不祥事を生じさせていたことからすれば、2007（平成19）年時点での岡野の将来想定は的を射ていたと判断されよう。岡野の危惧を払拭するような対応をJR北海道には強く期待したい。

　［第3章で主として用いた岡野論文等］
　［1］「鉄道と道路―交通体系における位置づけ―」、『高速道路と自動車』（1972年11月号）
　［2］「国鉄の財政問題」、林建久・貝塚啓明編『日本の財政』（1973年8月、東京大学出版会）　第8章
　［3］「交通政策と国鉄」、『交通学研究／1975年研究年報』（1975年11月）
　［4］「貨物輸送撤退論を考える」、『高速道路と自動車』（1977年6月号）
　［5］「国鉄―市場変化の中における公企業―」、岡野行秀・植草益編『日本の公企業』（1983年4月、東京大学出版会）　第10章
　［6］「国鉄分割・民営化の影響」、『公正取引』（1986年9月号）
　［7］「規制と企業行動―国鉄民営化の影響―」、『経済学論集』（1989年7月号）
　［8］「特別企画　国鉄改革から10年、今改革の原点を探る　前編、国鉄改革前夜―何が国鉄をダメにしたのか―」、『PRESIDENT 1996年7月号』
　［9］「同、後編、分割・民営化から10年―その成果と問題点―」、『PRESIDENT　1996年8月号』
　［10］「「視点　JRの完全民営化を急げ」、『JR GAZETTE』（1998年4月号）
　［11］「国鉄改革―その前・その後―」、『運輸と経済』（2007年4月号）

第4章

道路関係四公団改革

　交通の歴史上、本格的な馬車交通の時代を経験しなかったわが国では、自動車交通に適した道路整備という点で多くの課題を抱えざるを得なかった。第1章（2-2）で初期の道路政策の概要を手短に触れたように、第2次世界大戦後、道路政策の基本法である「道路法」が1952（昭和27）年に新法に改められたことと前後して、「道路整備特別措置法」（以下、特措法と略称）が公布されることとなった。特措法では、無料公開が原則とされている道路で料金徴収を可能とする由が規定されていることから、同法は有料道路制度の根拠法とされている。この特措法は、1956（昭和31）年4月16日に有料道路の整備・運営の新組織である日本道路公団が設立されることから、同年3月に新法となったのである（3月14日公布、3月16日施行）。

　また、1953（昭和28）年7月には「道路整備費の財源等に関する臨時措置法」が制定され、これによって道路特定財源制度が確立された。同制度は1954（昭和29）年に始まる道路整備五箇年計画の財源確保の役割を果たしてきた。

　自動車交通に適した道路資本ストックが極度に不足していた中で、有料道路制度と道路特定財源制度はわが国の道路政策を展開していく上での役割は大きく、両者は日本の道路政策の両輪、あるいは二本柱とも呼ばれるようになった。道路資本ストックの蓄積に長らく貢献してきたこの二本柱の道路政策に、大きな変革を迫ったのが自民党小泉政権であった。公団方式での有料道路制度は道路関係四公団改革により民営方式に移り、日本道路公団は3つに地域分割された。道路特定財源制度も2009（平成21）年度より廃止となった。二本柱は抜本的な変更を余儀なくされたのである。

　二本柱をめぐる政策論議においても岡野は積極的に発言を繰り返し、道路関係四公団改革論議には誤解に基づくものが多く論理性に乏しい、よりよい

市場成果をもたらすものとは期待できない、道路特定財源制度の廃止、一般財源化は道路特定財源関連諸税の擬似的価格の機能、さらには市場機構の活用を否定するもので、小泉改革本来の趣旨に反するものだとの批判を行った。市場原理の活用を説いてきた岡野の基本的立場を反映してのものである。

道路関係四公団改革論議を第4章、道路特定財源の一般財源化論議を第5章で論ずることにする。

1　日本道路公団等の改革に向けて

1－1　特殊法人改革の背景と主なプロセス

小泉長期政権（2001（平成13）年4月～2006（平成18）年9月）下で、特殊法人の原則廃止、原則民営化、独立行政法人への移行を検討するという「行政改革大綱」が閣議決定されたのは2000（平成12）年12月1日であった。この閣議決定により、道路関係四公団改革が特殊法人改革の一環として論じられることになり、現実問題として内閣、国交省のいずれが主体となって検討すべきかでの綱引きが行われた。いわば行政での主導権争いである。行政間でのこのような駆け引きは、少なくとも国鉄改革のケースではみられなかった。国鉄改革での対立軸は第2次臨時行政調査会、国鉄再建監理委員会 vs 国鉄サイドとなっていたのである。

2001（平成13）年8月10日に行政改革推進本部事務局は「特殊法人等個別事業見直しの考え方」の中で、道路関係四公団の抜本的見直しが必要であるとして、国交省に同年の9月3日までと期限を定めた上で国交省なりの考え方の同事務局への回答を求めた。国交省は期限通りではなかったものの、9月21日に民営化案を総理に提出したが、そこでの基本的考え方として、

①日本道路公団、首都高速道路公団、阪神高速道路公団の3公団について、速やかにひとつの公団に統合することを検討、
②統合による課題を整理・検討するため、特別委員会を国交大臣の下に設置、委員会の検討を踏まえ速やかに統合、

の2つを示した。②で示された国交大臣の下での委員会として、「高速自動車国道のあり方検討会」（諸井虔座長、通称諸井委員会）が設置された（10月26日）。その直前の10月1日に総理から検討指示が出され、日本道路公団については国費不投入[1]、償還期間30年の場合の整備状況、首都高速道路公団、阪神高速道路公団、本州四国連絡橋公団については、前2者を日本道路公団と統合の上での民営化、本州四国連絡橋公団単独での民営化とその際の債務圧縮の処理方法を示せというものであった。

総理の指示に国交省は10月9日に検討結果を行政改革事務局に提出、日本道路公団については要求に対する総括表を作成したが、他3公団については

① 首都高速道路公団・阪神高速道路公団と日本道路公団の統合、本州四国連絡橋公団の単独での民営化は慎重な検討を要する、
② 本州四国連絡橋公団の債務圧縮の処理方法についても併せ検討することが必要、その際、国・地方・受益者の分担をどうするのかの点を含めて検討することが必要、

という内容であった。

諸井委員会の中間報告（後述）のほぼ1カ月後の12月18日に特殊法人等改革推進本部が「特殊法人等合理化計画」を樹立、翌12月19日に閣議決定となり、「民間にできることは民間に委ねる」との基本原則の下、道路関係四公団は廃止することとし、四公団に代わる新たな組織及びその採算性の確保については、内閣に置く「第三者機関」において一体として検討し、その具体的内容を2002（平成14）年中にまとめるとされた。内閣主導の形で「道路関係四公団民営化推進委員会」（今井敬委員長、以下民営化推進委員会と略称）が設置された。同委員会は6月17日発足、8月30日に「中間整理」を発表、12

---

[1] 高速自動車国道に対する国費助成は1981（昭和56）年7月の道路審議会「高速自動車国道の整備と採算性の確保についての中間答申」に基づき、1982（昭和57）年度から導入されたものであるが、助成額は高速自動車国道を走行するいわゆるガソリン税相当分に該当するものであり、したがってこれが国費助成の名に値するのかについては吟味が必要とされるのである。現実には、助成金との解釈から2002（平成14）年度以降は廃止された。

なお、いわゆる国費投入のあり方については　杉山雅洋「高速自動車国道の採算性と道路特定財源制度」、『高速道路と自動車』（2007年6月号）を参照されたい。

月 6 日に「意見書」[2]を提出するというスピード審議であった。国鉄再建監理委員会が1983（昭和58）年 6 月16日に設置され、2 年余の間に130回を超える審議を経て1985（昭和60）年 7 月26日に「意見書」を提出したことに比べても、民営化推進委員会は半年という極めて短期間での審議であった。

民営化推進委員会での議論では意見の対立が少なくなく、最終的には「意見書」の末尾に「今井敬委員長は、意見の決定に先立ち、委員長を辞任し、委員会を退席した。また、中村委員[3]は、意見に反対した。」と記されているように、そこでは意見の集約がなされたとはいえなかった。ちなみに、今井委員長の考え方は「意見書参考資料」での「資料 1　今井委員長案（平成14年12月 6 日）」、「資料 2　事務局作成意見案（今井委員長の指示と責任によるもの（平成14年11月29日）」に収録されている。このような扱い自体も、従来の審議会等ではほとんどみられないものである。

そもそも同委員会の「中間整理」、「意見書」での基本理念は、「必要性の乏しい道路をつくらない」、「国民が負う債務を出来る限り少なくする」というもので、民営化が審議の前提とされたが、その基本方針は

① 国民負担の最小化を原則とし、50年を上限としてなるべく早期の債務返済を確実に実施する。
② 新たな組織は、自らの経営判断に基づき事業経営を行うことにより、自己責任の下、民間企業としての自主性を確保する。
③ 民間企業のノウハウの発揮、コスト意識の徹底、採算性を重視した事業経営の実施を実現し、利用者のニーズに応じた多様なサービスの実現、サービスレベルの向上等を図るとともに、料金引き下げ、採算性を確保した上での新規路線の建設に取り組む。
　また、有料道路以外の関連事業を積極的に展開する。

というものであった。新たな組織のあり方として、有料道路事業、関連事業の経営を行う新会社の設立と、道路資産の保有・債務返済を行う機構の設置

---

[2]　道路関係四公団民営化推進委員会「中間整理」（2002（平成14）年 8 月30日）、同「意見書」、同事務局「意見書参考資料」（2002（平成14）年12月 6 日）
[3]　中村委員の考え方は　中村英夫「道路関係 4 公団民営化推進委員会の議論と私の考え」、『土木学会誌』Vol. 88、No. 3に詳しく述べられている。

が提案された。これは鉄道でのケースとは異なり、道路インフラの上下分離を意味するものであった。基本理念等は一見もっともらしく映るが、そこには少なからざる疑問点、問題点が残っているのである。

「意見書」は政府により「基本的に尊重する」とされたが、この扱いには国鉄改革での「意見書」への「最大限尊重する」とのものとは大きな差がある。前者をまとめるプロセスにおける委員会での不協和音、同委員会の混乱ともいえる中で提出された「意見書」の内容を反映してのものでもあろう。

「意見書」の提出後、具体的検討は道路関係四公団民営化に関する政府・与党協議会に委ねられ、同協議会が2003（平成15）年12月22日に提示した民営化の枠組み（後述）に対して、民営化推進委員会のメンバーの中に、当該枠組みでは自分たちの意見が反映されないとして、田中一昭委員長代理、松田昌士委員が辞任、川本裕子委員は以後の会合に不参加を表明し、民営化推進委員会は実質空中分解、2005（平成17）年9月に解散となるまでは、7名でスタートした同委員会には猪瀬直樹・大宅映子の2委員が残るだけとなった。

2003（平成15）年12月の政府・与党申し合わせである「道路関係四公団の基本的枠組みについて」をベースに政策レベルでの検討が行われ、2004（平成16）年3月の政府・与党協議会での「道路関係四公団民営化4法案」の閣議決定を経て、4月に衆議院本会議、6月に参議院本会議で4法案の可決、2005（平成17）年10月1日をもって、6つの高速道路会社、独立行政法人日本高速道路保有・債務返済機構という新しい体制での発足となった。

1−2　諸井委員会と道路関係四公団民営化推進委員会

民営化推進委員会に先立って、高速自動車国道の整備のあり方（したがって、検討対象は高速自動車国道の整備・運営主体である日本道路公団が中心）を論じた諸井委員会は、扇千景国交大臣の下で2001（平成13）年10月26日設置、11月26日に中間報告を提出した[4]。諸井虔、奥田碩、高木勇三、森地

---

4) 諸井委員会の経緯については　杉山雅洋「有料道路政策をめぐる幾つかの局面」、『高速道路と自動車』（2013年9月号）を参照されたい。

茂、杉山雅洋の5人の委員会で、1カ月という極めて限られた期間であったが、毎週数日にわたり早朝からの識者からのヒアリング、冷静な中にも丁々発止とした議論が行われた。扇大臣も国会での所用がない限り終始委員会に同席するという熱の入れようであった。諸井委員会の意見は

> ①日本道路公団は一体のまま民営化して株式会社とする。
> ②この会社は、種々の変動リスクはあるものの、当初は、税金の支払いを含めて収支はほぼ均衡するものと思われる。また、将来、民営化の効果と債務の減少で漸次増益となる可能性がある。
> ③高速自動車国道の管理・危機管理を行うという公共的性格から、政府からの必要最小限の規制が必要となる。
> ④ネットワークとしての効率性、組織・人員の規模等からして、地域分割しない。
> ⑤この会社は、公共的性格が強く、残工事2,300km[5]の一部を負担させる場合、償還期間を短縮させようとする場合等には、税の減免・債務の政府保証・政府の株式保有などが必要となる。
> ⑥本四公団を統合することについては、同公団が巨額な債務を抱え、高速自動車国道の採算性に悪影響を与えるため、各方面のコンセンサスを得ることが困難であり、慎重な対応を要する。
> ⑦首都高速・阪神高速はそれぞれ民営化し、その上で必要があれば統合を検討する。

というものであった。高速道路インフラの上下分離、日本道路公団の地域分割等を謳った民営化推進委員会の「意見書」とは異なる意見が少なくない。上下一体説は諸井座長の「木に竹を繋ぐのは責任の所在をあいまいにする」との主張が委員会で同意された結果である。なお、諸井委員会は中間報告を提出した後には一度の会合も開かれることなく終結したため、最終報告は出されていない。

---

[5] 整備計画9,342kmから2001（平成13）年度末の供用予定総延長6,959kmを引いた概算距離。

2　民営化推進委員会「意見書」(2002 (平成14) 年12月 6 日)

2-1　基本理念への疑念

　1-1でも触れたように、民営化推進委員会の最終報告は委員長の辞任、残る 6 名の委員での多数決での採択（5：1）という、この種の委員会では異例のものとなった。

　道路関係四公団改革といっても、そこでの検討対象とされた大半は日本道路公団であった。岡野は2002 (平成14) 年 4 月に民営化推進委員会を設置する法案審議の際に衆議院内閣委員会での参考人として、法案には賛成だが、民営化といっても限りなく公的組織に近いものから完全に自由な民間企業まで幅があるので広い視野から検討すべきだと述べた。[7]　その経緯から同委員会の論議に注目していたが、そこでの議論のプロセスから、道路サービス事業はやはり民間企業に馴染まないだけではなく、民営化は望ましくないとの判断に至った。その基本は「天下の公道」を「私」してはならないという思想から、同委員会の行きつく民営化がどのような形であれ、国民にとって望ましい結果をもたらさないであろうとの推論によるものであった。なお、道路公団民営化への疑問を綴った「「天下の公道」を「私」するべからず」とのタイトルは、英国の知日家の泰斗ロナルド・ドーアの著書『「公」を「私」するべからず』に由来したものである。道路公団民営化は「公（公益）を私（私益）に分解する（させる）こと」に該当すると考えた疑問からであった。[6]

　2002 (平成14) 年12月 6 日に発表された「意見書」では、先に引用した（1-1）基本理念として「必要性の乏しい道路をつくらない」、「国民が負う債務を出来る限り少なくする」との 2 点が、「中間整理」と同様の表現で綴られている。少なくとも経済学的にはこれらの基本理念そのものに疑念が否定できない。民営化推進委員会という名称自体からも容易に推察できるように、同委員会では民営化先にありきの検討を余儀なくされたためであろう。意見書の基本方針としては

①50年を上限になるべく早期の債務返済を確実に実施、
②新たな組織の民間企業としての自主性の確保、
③経営の効率化、多様なサービスの実現、通行料金の引き下げ、採算性を確保した上での新規路線の建設、関連事業の積極的な展開、
④コスト意識の徹底

が挙げられた。

新たな組織のあり方では、保有・債務返済機構と5つの新会社による上下分離方式が提唱され、同機構が長期債務の返済に当たるとされた。日本道路公団の地域分割を含む5つの新会社のイメージは

東日本：北海道、東北、新潟、関東
拡大首都高速：首都高速、第三京浜道路、横浜新道、京葉道路、東京湾アクアライン等
中日本：東海四県（東名、名神、中央道全線）
拡大阪神高速：阪神高速、近畿道、阪和道、関空道、名神の一部等
西日本：近畿、北陸三県、中国、本四道路、四国、九州、沖縄

と示された。通行料金に関しては

①民営化と同時に料金水準の1割引き下げ、
②能率的な経営の下における適正原価＋適正利潤とし、新会社の経営者が自主的に決定、

とされているが、①と②の関係が明らかではない。文面からは、料金の1割引き下げが前提であり、その条件下で経営者の自主的決定と読めるが、そうであれば②での自主的な料金決定で、平均1割引き下げを行い、従来のサービス水準を保ったまま実質的にこれが実行可能であるのかが問われることとなろう。その他、ファミリー企業も重要な改革対象とされ、民営化は2005（平成17）年4月1日に実施するとされた。

世間の関心の高い道路建設に関しては、建設スキームとして採用すべきではないケースとして

①機構支出スキーム、
②機構支出（特別会計経由）スキーム、
③特別会計スキーム、

④財投借入型スキーム、

採用し得るケースとして

①合併施工／整備新幹線方式スキーム、
②内部留保スキーム、
③直轄スキーム

としてその考え方がまとめられている。しかし、本来わが国にとっての高速道路のあり方をどのように考えるのかという前段として検討されるべき政策理念は見当たらない。再三述べているように、文字通り"民営化"を推進する委員会として、その議論の方向に大きな制約があったためと推察せざるを得ないのである。

「中間整理」が出された段階で、岡野を中心とする日本交通政策研究会の有志は同整理で示された内容への疑問と改革のあるべき姿を訴えた[6]。議論の出発点として、道路政策は　政策理念→整備手法→運営手法　という手順で論じられるべきであり、高速道路についても同様で、わが国にとって高速道路ネットワークを量的、質的にどの程度整備すべきか、そのネットワークを確保するのに有料道路方式、公共事業方式、合併施行方式等をどう活用していくのか、整備された高速道路を効率的に運営するにはいかなる方式が好ましいのかが検討されるべきであるとした。その上で、公団方式への批判と問題点、民営化の課題を論じたが、ここではそもそも民営化推進委員会の基本理念そのものに疑問があるとした同研究会有志の論拠を紹介しておきたい。

第1の基本理念で投資基準としての「必要性の乏しい道路をつくらない」とされていることに対して、必要性の内容、定義を明らかにすべきであるとした。経済学的には必要性は経済的効率プラス公正であるべきだとするのがアカデミック・レベルでの一般的な考え方である。経済的効率には生産者余剰、消費者余剰、純外部経済効果がある。企業サイドの効率は生産者余剰に

---

[6] 岡野行秀・藤井彌太郎・杉山雅洋「よりよい有料道路制度のために─道路関係四公団改革に寄せて─」(2002年11月、日本交通政策研究会)

ついてのものであり、市場での評価対象となり得るのはこれに限られる。しかし、社会的便益には消費者余剰も純外部経済効果も含められて然るべきなのである。なお、外部効果の把握は容易ではないとの指摘が多いが、これを理由にこの扱いを回避するという姿勢は消極的であり、近年の実証研究ではこれを計測する手法が一段と進歩していることにも留意すべきであって、その成果こそを最大限活用すべきなのである。さらに、貨幣タームでは表せない公正、たとえば社会生活のミニマム保証、市場や交流に参加する機会の均等も考慮されなければならない。また、「意見書」では"採算性"といわず"必要性"との表現が用いられているが、そこでの生産者余剰を示すに過ぎない"採算性"の表現を避けた理由に対しても、必要性の内容・定義を明確にしていないことから、"必要性"の内容は論理的に明らかであるとはいえない。百歩譲って、企業の"採算性"としても、路線別採算性が意味され得ない点に留意されなければならない。企業はネットワーク効果、将来の成長路線をも考慮に入れて投資を判断するからである。

　第2の基本理念である「国民が負う債務を出来る限り少なくする」においても、国民負担の内容が不明確であると反論する。「意見書」での国民負担としては「国費支出」が意味されているようであるが、断るまでもなく、費用最小化と支出最小化は同じではない。既存道路に関してはすでに総額が決定されているので、当該総額自体の低減を前提にしない限り、国費投入の最小化は料金引き上げ、自治体負担の増額が意味される。料金の負担者である利用者、自治体の構成者は国民ではないとすることに通じる主張は極めて不自然である。要は、負担すべき部分を明確化し、その上で財政制約の中で検討すべきであると論じたのである。

　基本理念への疑問に加え、非ゴーイングコンサーン（非継続企業）での減価償却問題、平均1割引き下げと提示された料金水準の実現可能性の問題、民営化での負担増（固定資産税、法人税、株式配当等）の問題も客観的に検討する必要があるというのが日本交通政策研究会有志の考え方、主張である。

　なお補足的に、しかし、決して看過できないこととして、世間で注目された日本道路公団の財務諸表の問題があったことに触れておく。制度上から公

団特有の方式となっていた財務諸表を企業会計ベースで作成すべきであるという議論がなされる中で、公団職員（当時四国支社副支社長）の片桐幸雄氏が「藤井総裁は2002（平成14）年7月に、債務超過となっていた企業会計ベースの財務諸表を隠蔽した」とする内部告発を一般誌で行ったこと[7]に世間の耳目が寄せられた。当該財務諸表が公表されていなかったことから「幻の財務諸表」論ともいわれた。同財務諸表は実際には作成されていた―後に公表された2000（平成12）年度末仮定の損益計算書、貸借対照表は　表4－1、表4－2に示すとおりである―が、会計学の専門家からは同財務諸表自体に問題点が多く、資産や負債の評価方法そのものに議論をシフトさせることが生産的であるとの指摘がなされた[8]。

2－2　政府・与党協議会の対応

民営化推進委員会の「意見書」に対して小泉総理は2002（平成14）年12月10日に「……基本的に尊重するとの方針の下、……政府として改革の具体化に責任を持って取り組んでいきたいと考える」との発言にまとめ、政府の具体的な検討は国交大臣が行うとの指示を出した。

同年12月に「道路関係四公団、国際拠点空港及び政府金融機関の改革について」、翌年2月に「本州四国連絡橋公団の債務の負担の軽減を図るために平成15年度において緊急に講ずべき特別措置に関する法律案」及び「高速自動車国道及び沖縄振興特別措置法の一部を改正する法律案」が閣議決定され、後者である2つの法律案は通常国会に提出され、4月25日成立、5月12日に施行となった。その間、道路関係四公団民営化に関する政府・与党協議会での検討が進められ、基本的枠組みは12月22日の第5回協議会で政府・与

---

[7]　片桐幸男「道路公団　藤井総裁の嘘と専横を暴く」、『文芸春秋』（2003年8月号）
[8]　加古宜士「道路公団の"幻の財務諸表"」（毎日新聞2003年9月2日）、そこでの加古教授の指摘は「仮貸借対照表での剰余金がマイナスで債務超過としているが、その理屈は不可解だ。政府出資金を資本金と表示しておきながら、実際には負債とみなして計算しているようだが、奇妙な計算方法だ。政府出資金を資本金として計算すれば資産合計は少なくとも1兆円となり、債務超過とはなっていない。」と要約される。当該財務諸表は会計学者の納得を得られるものとはいえなかったのである。

表4－1　2000（平成12）年度末　仮定損益計算書

(単位：円)

勘定科目	金額		
経常収益			
道路料金収入		2,096,233,341,231	
（高速道路）		(1,858,052,543,267)	
（一般有料道路）		(238,180,797,964)	
駐車場料金収入		800,617,075	
附帯事業施設収入		1,764,561,996	
高速道路関連施設収入		319,057,858	
業務雑収入		10,114,320,968	
受託業務収入			
道路建設受託業務収入	544,159,718		
その他の受託業務収入	74,104,234		
受託業務収入合計		618,263,952	
政府補給金収入		100,781,000,000	
資産見返勘定戻入			
資産見返補助金戻入	1,529,486,311		
資産見返負担金戻入	644,069,511		
資産見返勘定戻入合計		2,173,556,122	
業務外収益			
受取利息	180,538,229		
雑益	8,090,704,322		
事業外収益合計		8,271,242,551	
経常収益合計			2,221,075,961,753
経常費用			
道路管理費		329,894,836,134	
（高速道路）		(282,797,162,967)	
（一般有料道路）		(47,097,673,167)	
駐車場管理費		561,688,844	
附帯事業施設管理費		462,179,693	
高速道路関連施設管理費		84,845,862	
一般管理費			
一般管理費	87,581,993,867		
退職給与引当金繰入	5,634,783,961		
賞与引当金繰入	1,137,336,931		
減価償却費	24,104,609,084		
一般管理費合計		98,458,728,843	
引当金繰入			
貸倒引当金繰入	37,467,747		
特別修繕引当金繰入	500,180,206		
引当金等繰入合計		537,647,953	
事業資産減価償却費			
道路価償却費	457,524,998,788		
（高速道路）	(395,071,155,432)		
（一般有料道路）	(62,453,843,356)		

勘定科目	金　　額		
駐車場減価償却費	75,589,585		
附帯事業施設価償却費	99,899,113		
高速道路関連施設減価償却費	1,134,716		
事業資産減価償却費合計		457,701,622,202	
業務外費用			
債券利息	694,609,762,002		
借入金利息	62,598,684,285		
割賦未払金利息	35,596,647,381		
債券発行差金償却	14,775,907,982		
債券事務費	879,232,139		
雑損	5,192,248,472		
業務外費用合計		813,652,482,261	
経常費用合計			1,701,354,031,792
経常利益			519,721,929,961
特別損失			
無料開放に伴う損失		55,437,302,629	
道路資産除却損		41,290,116,886	
特別損失合計			96,727,419,515
当期利益金			422,994,510,446

党申し合わせとして示された。

民営化の目的として、

①約40兆円に上る有利子債務を確実に返済、
②真に必要な道路を、会社の自主性を尊重しつつ、早急に、できるだけ少ない国民負担の下で建設、
③民間ノウハウの発揮により、多様で弾力的な料金設定やサービスを提供、

とされた。有料道路の対象事業等の見直しは、整備計画区間（9,342km）のうち、未供用区間（約2,000km）を直ちに新直轄方式に切り替える道路、有料道路のまま継続する道路に分け、そのいずれについても「抜本的見直し区間」を設定する、建設費は既定の約4兆円の削減、更なる建設コストの削減分として約2.5兆円の上乗せと、新直轄方式への切り替え（約3兆円）を行うことにより、当初事業費の半減、管理費を2005（平成17）年度までに3割削減（対2002（平成14）年度）とされた。そこで新たに登場した新直轄方式

表4-2 2000(平成12)年度末 仮定貸借対照表①

(単位:円)

勘定科目	金額		
資産の部			
Ⅰ 流動資産			
現金・預金		57,893,532,747	
原材料・貯蔵品		3,421,903,565	
受託業務前払金		80,112,740,779	
仮払金		636,233	
未収収益		2,829,564	
未収金	7,441,706,226		
貸倒引当金	△39,617,877	7,402,088,349	
流動資産合計			148,833,731,237
Ⅱ 固定資産			
1 事業資産			
道路	33,040,349,091,035		
（高速道路）	(28,277,004,558,199)		
（一般有料道路）	(4,763,344,532,836)		
減価償却累計額	△4,839,830,400,657		
（高速道路）	(△4,344,579,040,579)		
（一般有料道路）	(△495,251,360,078)	28,200,518,690,378	
駐車場	2,979,867,230		
減価償却累計額	△2,287,941,394	691,925,836	
附帯事業施設	3,341,570,506		
減価償却累計額	△1,494,244,961	1,847,325,545	
高速道路関連施設	5,954,515,635		
減価償却累計額	△71,912,912	5,882,602,723	
道路建設仮勘定		4,599,046,423,406	
（高速道路）		(4,016,203,498,468)	
（一般有料道路）		(582,842,924,938)	
事業資産合計		32,807,986,967,888	
2 有形固定資産			
建物	287,066,194,028		
減価償却累計額	△56,385,785,767	230,680,408,261	
構築物	9,342,153,497		
減価償却累計額	△7,037,983,577	2,304,174,920	
機械・装置	166,216,942,497		
減価償却累計額	△78,994,494,261	87,222,448,236	
車両・運搬具	72,364,015,795		
減価償却累計額	△50,950,241,920	21,413,773,875	
工具・器具・備品	21,684,765,431		
減価償却累計額	△10,017,823,216	2,666,942,215	
土地		64,469,574,555	
建設仮勘定		2,540,284,491	

勘定科目	金　額		
その他の有形固定資産	3,005,348,720		
減価償却累計額	△1,943,205,547	1,062,143,173	
有形固定資産合計		412,359,749,726	
3　無形固定資産			
借地権		8,236,539	
電話加入権		336,496,355	
その他の無形固定資産		32,480,592	
無形固定資産合計		377,213,486	
固定資産合計			33,220,723,831,100
Ⅲ　投資その他の資産			
関係会社株式		30,687,000,000	
転貸資金貸付金		458,260,286	
社会資本整備事業開発者負担賦課元金		26,050,287,290	
敷金＋保証金		7,003,396,021	

表 4 - 2　2000（平成12）年度末　仮定貸借対照表②

(単位：円)

勘定科目	金　額		
その他の資産	10,265,038,540		
貸倒引当金	△187,692,235	10,077,346,305	
投資その他の資産合計			74,276,289,902
Ⅳ　繰延資産			
債券発行差金		76,080,700,510	
繰延資産合計			76,080,700,510
資産合計			33,519,914,652,740
負債の部			
Ⅰ　流動負債			
未払金		140,674,825,375	
未払費用		155,518,322,722	
受託業務前受金		80,630,861,685	
預り金		451,807,713	
受入保証金		2,088,039,066	
賞与引当金		2,638,958,000	
流動負債合計			382,002,814,561
Ⅱ　固定負債			
道路債券		21,015,179,000,000	
長期借入金		4,648,923,763,290	
割賦未払金		1,143,919,750,200	
転貸資金借入金		458,260,286	
退職給付引当金			
退職給与引当金	76,362,563,006		

勘定科目	金額		
年金費用引当金	25,564,701,000	102,227,264,006	
特別修繕引当金		1,889,752,284	
資産見返勘定			
資産見返補助金	76,919,983,890		
資産見返負担金	39,095,970,314	116,015,954,204	
その他の固定負債		321,105,631	
固定負債合計			27,025,934,849,901
負債合計			27,410,937,664,462
資本の部			
Ⅰ　資本金			
政府出資金			1,980,095,042,745
Ⅱ　剰余金			
資本剰余金		17,597,433,070	
利益剰余金			
償還準備積立金	3,744,855,906,496		
（高速道路）	(4,249,787,006,791)		
（一般有料道路）	(△504,931,100,295)		
道路事業損失補てん積立金	333,676,846,315		
積立金	30,714,094,267		
次期繰越利益金	2,037,665,394	4,111,284,512,472	
剰余金合計			4,128,581,945,542
資本合計			6,108,976,988,287
負債資本合計			33,519,914,652,749

とは、国と地方が3：1で費用負担するという公共事業方式のことであり、これを含めた費用削減メニューは　図4－1に示される。

　新たな組織として誕生する会社と機構による高速道路インフラの上下分離方式、会社は日本道路公団については地域3分割、首都、阪神、本四の各公団はそのまま独立・民営化、本四は経営安定時点で道路公団系近接会社に合併とされた（図4－2）。債務返済は民営化から45年とし、従来の換算起算日方式[9]が改められ、全路線の一括無料開放の日が明確化された。

　料金に関しては、その設定に当たっては利潤を含まず、高速自動車国道では平均1割程度の引き下げ、大口利用者への割引である別納制度を廃止し、マイレージ割引、夜間割引等の新たな割引制度に移行するとされた。

　建設・管理・料金徴収では、新規建設における会社の自主性が尊重され、

2 民営化推進委員会「意見書」（2002（平成14）年12月6日）

図4－1　更なる建設コストの削減メニュー

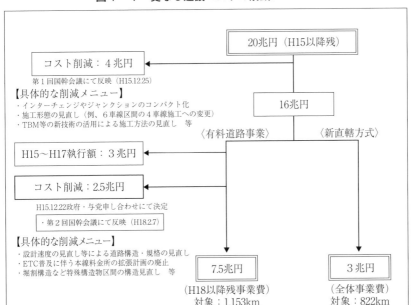

　従来の国からの一方的命令の仕組みは廃止、新たな建設区間に関しては会社の申請方式に改められることとなった。

　道路資産は新直轄方式を除き機構が承継、SA／PA等の関連事業資産は会社が承継し、創意工夫の発揮の余地が認められた。

　ここで大きな議論の対象になったのが先の新直轄方式での建設問題である。総事業費の目安が約3兆円とされ、費用対効果テストの実施により2003（平成15）年12月22日の段階で699kmが新直轄方式に切り替えられ、第2回国土開発幹線自動車道建設会議に先立ち地方公共団体の意見を聴取した結

---

9) 換算起算日は全路線の平均的な計算上の供用開始日で、次の式で求められるとしたものである。

$$換算起算日 = 当初路線の供用日 + \frac{\Sigma(各路線の建設費 \times 当初路線の供用日から各路線の供用日までの日数)}{\Sigma 各路線の建設費}$$

図4－2　道路関係四公団改革での上下分離の概要

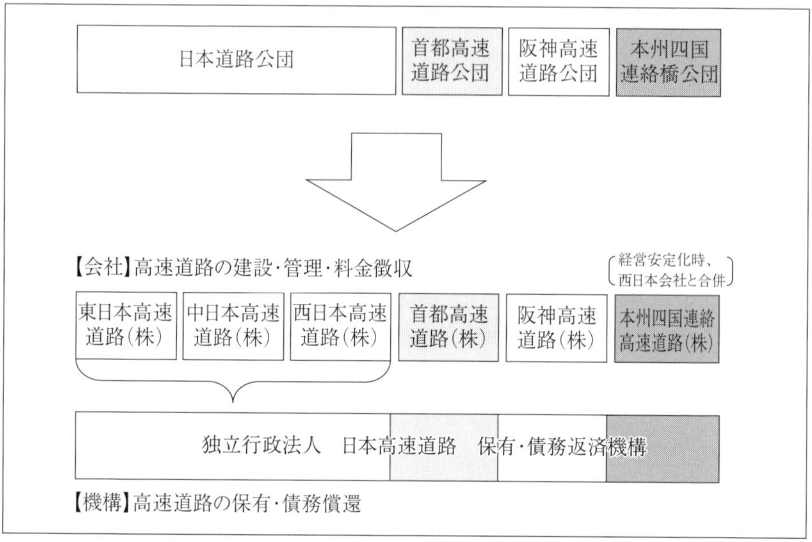

| 日本道路公団 | 首都高速道路公団 | 阪神高速道路公団 | 本州四国連絡橋公団 |

↓

【会社】高速道路の建設・管理・料金徴収　　　（経営安定化時、西日本会社と合併）

| 東日本高速道路(株) | 中日本高速道路(株) | 西日本高速道路(株) | 首都高速道路(株) | 阪神高速道路(株) | 本州四国連絡高速道路(株) |

独立行政法人　日本高速道路　保有・債務返済機構

【機構】高速道路の保有・債務償還

果、新たに123km が加わり、計822km が同方式で整備されるようになった。

　このような枠組みでは自分たちの意見が反映されないとして、民営化推進委員会の田中委員長代理、松田委員が辞任、川本委員が以後の会合への不参加を表明したのは1－1で示した通りである。

　2004（平成16）年1月20日に関連4法案である高速道路株式会社法案、独立行政法人日本高速道路保有・債務返済機構法案、日本道路公団等の民営化に伴う道路関係法律の整備等に関する法律案、日本道路公団等民営化関係法施行法案の骨子が発表され、3月9日に閣議決定、衆議院に提出された。4法案とも6月2日に成立、6月9日に公布・一部施行に移された。4法案は成立後、略称としてそれぞれ会社法、機構法、整備法、施行法と呼ばれている。

　6つの高速道路会社と機構による上下分離方式での新体制は2005（平成17）年10月1日に発足し、同日から45年償還の道を歩み始めたのである。

　なお、民営化後の高速道路会社、保有・債務返済機構の財務状況は同機構

が毎年発行している『高速道路機構　ファクトブック』で確認され得るが、この点でかつての『国鉄監査報告書』（日本国有鉄道監査委員会）が1985（昭和60）年（昭和59年版）を最後に発行されなくなったことと比較して、情報公開の上からも好ましい。一般的に知り得るJR各社の経営状況を伝えるのは、各年度の国交省鉄道局監修『数字で見る鉄道』（運輸政策研究機構）での該当箇所に限られているからである。

3　改革論議プロセスでの事実誤認

3－1　第2の国鉄論

　世間では道路関係四公団改革（その論議の対象の大半が日本道路公団とされたことから、以下便宜的に道路公団改革と略称）を国鉄改革との類推から解釈する傾向が強かった。しかし、そこには基本的認識において誤解の少なくなかったことが冷静に認識されねばならない。今後のあり得る改革論議において、正確な事実認識が不可欠だからである。

　その最大のものは、道路公団を「第2の国鉄」と捉えるものであった。[4]、[5]　岡野はこの主張は「似て非なるもの」と退けている。両者の唯一の共通点は巨額の長期債務の存在であるが、本来的には長期債務の返済可能性が問われなければならない。そもそも論として、道路資産はそれが生み出す将来の純便益の割引現在価値総和であり、これが借入金を上回っていれば、借入金の大きさ自体は問題視されるべき性質のものではない。国鉄と道路公団ではこれがまったく異なっていたのである。第2の国鉄論に関するそれ以前の基本的事実誤認として、国鉄は公社でゴーイングコンサーン（継続企業）であるのに対し、道路公団は公団で非ゴーイングコンサーン（非継続企業）、鉄道事業の生産物は輸送サービス、有料道路事業の生産物は道路サービスであり、それは輸送サービスの投入物のひとつに過ぎないことであるが、この基本的な事実自体に対して、民営化推進委員会の一部委員に正しい認識があったのかは疑問なしとはしないのである[10]。

　「第2の国鉄論」への岡野の反論は少なからざる論考に示されているが

（［4］、［5］等）、その代表的なものを示しておこう。幾分上記の解説と重複する部分があるが、［5］での主張は有料道路制度の本質を踏まえた上でのものであり、多くの人への示唆に富む内容であることから、当該部分をそのまま転記することとしたい。

「勉強不足のマスメディアのせいで、国民の多くが道路公団の経営状態は改革前の国鉄同様の破産状態だと信じ込まされている。日本道路公団と改革前の国鉄との唯一の共通点は、20数兆円の巨額の長期債務を抱えているという点だけで、供給している財・サービスは異なるし、経営状況はまったく異なる。

国鉄は車両を保有し、運転手などの職員を雇用し、エネルギーを購入して車両を動かして輸送サービスを供給しなければ収入が得られない。改革直前の国鉄は、収入でこれらの投入物の購入費、賃金などを賄うにも事欠く状態で、膨大な借入金の金利を支払うことができず、金利を払うために新たな借金をする状態だった。

日本道路公団の場合は、（自動車）輸送サービスの生産に不可欠なひとつの投入物である道路（サービス）を有料で提供し、その料金収入によって経常費と当期の金利を支払い、借入金返済の積み立てをしているのだから、建設中の道路についての借入金があるために公団の借入金総額が増加していても、経営状態は全く異なる。料金収入で毎期の経常費および金利を賄い、収入の残余を累積した借入金の返済に充てられる状態を維持できる限り、新規建設がなくなれば借入金の返済が始めは徐々に、そして次第に加速度的に進むので、経営上の問題はない。日本道路公団と旧国鉄とは、まさに「似て非なる」ものなのだ。」

また、道路公団との財務上の大きな具体的な差異について、岡野は1998（平成10）年度の日本道路公団の決算が発表された時、当時も絶え間なく唱えられていた第2の国鉄論に対し、誤った情報は国民を惑わすだけであると反論した。旧国鉄が破綻に追い込まれた時、1年間の収入は経常費用よりも小さく、当時の借入金利子を支払うために新たな借り入れが必要であったのに対し、道路公団は2.18兆円弱の経常収入がある一方、2.18兆円強の経常費用があるが、この中には道路債券・長期借入金についての約9,500億円の支払い利子と引当金等繰り入れ7,600億円の償還準備金—営業中の道路の建設

---

10) 民営化推進委員会の中で国鉄（鉄道事業）、道路公団（有料道路事業）の双方に専門家として通じていたのは中村英夫委員だけであった。

のために投下した借入金の返済に充当する分―が含まれており、費用には道路管理費はもちろんのこと、借金の利払い・返済分が踏まれていることが理解されていないと指摘した。［4］

3－2　路線別収支の捉え方

　岡野は民営化推進委員会の「中間整理」は平均点以下の答案であり、議論の進展を見ていて、果たして委員たちが現行の制度―料金プール制、償還主義など―、道路公団に提出させた資料を正確に理解しているのだろうかに懸念を寄せた。［5］　そのひとつとして、民営化推進委員会が資料として要求した路線別収支を取りあげている。

　道路公団の路線別収支を算定する時、先ずは経費として当該路線の用地費・建設工事費を賄った借入金の金利相当分と維持補修・清掃、料金徴収などの管理費があり、これら経費はすべて当該路線のみに関わる経費―個別費―でなければならないが、管理費の中には本・支社、研究所などの全路線の経費―共通費―が路線の料金収入額によって配賦されている。

　問題はこの共通費の取り扱いである。岡野の例示では、ある路線で年間の料金収入371億円、管理費98億円、金利281億円とすれば、経費の合計は379億円で収支率は102となり、計算上この路線は赤字となる。管理費のうち、共通費の配賦額が10％強の10億円とすれば、共通費は当該路線がなければ他の路線に配賦されるので、この路線の真の採算性は、料金収入マイナス配賦された共通費を除く管理費である371億円マイナス369（379－10）億円で2億円の黒字、収支率は100を割り、剰余の2億円は一般共通費を償うため、あるいは借入金の元利返済に充てることができる。このような場合、当該路線は不採算路線ではなく、道路公団の経営状態を良くするのに貢献しているので、形式的な資産結果だけでの判断は危険であるとの警鐘を鳴らしたのである。［5］

4　改革案をめぐる評価と有料道路制度のあり方

4－1　改革案への評価

　わが国の道路政策の創設期から長らくその政策研究に従事してきた岡野は、少なからざる論点での自らの見解を示してきた。いずれも、実態を踏まえた上での理論に基づくものである。民営化推進委員会の「意見書」に関連しての有料道路制度のあり方を論じた主要なものを示しておこう。

　先ず民営化に関しては、「民営化先にありき」は本筋ではなく、民営化推進委員会が政治的にこれを前提とせざるを得なかったことには同情的である。本章でも再三触れているように、「日本の高速道路はどうあるべきか」から議論を始めるべきところ、同委員会ではこの種の議論の余地はなかった。同委員会の一委員が「委員会は民営化が前提だったが、民営化が本当にいいのかという議論はもちろんある。民営化は効率化の手段で、いろいろなスタイルがあるし、公団廃止も一案だが、そこの議論が委員会ではなされていない」と発言したことに対し、「委員会に民営化を前提条件にして検討させたことが、そもそもの誤りだとする私（岡野）の考えと同様の見解をもった人が民営化推進委員会の中にいたのは意外だった。」［9］　と述べているのである。岡野の基本的な考え方は「民間にできることは官がする必要がない」との点について、「民が国民にとって経済厚生を低下させることなく、官と同じことが（より効率的に）できる」という意味での「できる」のでなくては「できる」ことにならないというものである。［3］

　民営化の主張は、①民営化すればコスト節減の意欲が生じ料金を安くできる、②民営化して株式を売ることによって国庫収入を増やす、とのものだが、高速道路の民営化は公的独占を私的独占に変えるだけであろう、［2］　民営化せずとも経営の自主性を付与する commercialization を進めることで足りる、［2］　道路サービス事業はやはり民間企業に馴染まないだけでなく、民営化は望ましくない［6］　とも述べている。

　次に公団の経営統合に対してである。岡野は行政改革推進本部が検討して

いたと伝えられ、国交省が2001（平成13）年9月に同事務局に提出した公団の合併について、「……何より管理上まずいのではないかと考えるのである。首都高速、阪神高速のように、交通量が著しく大きい大都市圏の場合には、ネットワークの強化を図って路線を新設するとしても限界があるから、将来のことだが、交通需要管理の観点から混雑料金を導入することが考えられる。したがって、都市高速道路と都市間高速道路とでは、現在も均一料金制（執筆時、現在は都市高速道路も距離別料金制に移行）と対距離料金制の差異があるが、料金の原理も、料金体系も異なるものとならざるを得ない可能性がある。このように考えると、管理は別組織の方がうまくいくと思うのである。問題の相互に接続する複数の公団の道路を連続して利用する場合の料金徴収の増加は、何も公団を併合しなくても、十分解決できるのではないか。」[1]と述べている。同様の趣旨は[2]でも示されている。ちなみに、同主張はETCシステム（自動料金支払いシステム）が導入・普及する以前になされたものである。

　地域分割に関しては、鉄道の場合には事業者が列車を運行して輸送サービスを提供するので、地域分割によって地域に密着したサービス提供のメリットがあるのに対して、道路公団の場合には道路サービスという中間財を提供するだけなので、地域分割してもそれぞれが異なる料金を設定することぐらいしかできない。地域プール制では、大都市を含まない地域の料金上昇を許容するか、料金を抑えるとすれば国が補助金を与えなければならないとして、地域分割には与しないとの立場である。[2]

　また、償還主義に対しては、「……、むしろ期限を設けずに有料道路制度を続けることを原則にし、結果として償還が確保される方がよいのではと考えている。」[1]、「道路審議会中間答申（1992（平成4）年6月「今日の有料道路制度のあり方についての中間答申」）では、高規格幹線道路等の整備と管理のあり方について、償還期間満了後の維持管理費の確保等の観点からその負担について今後議論されることが望ましいとしている。ひとつの方法は、維持管理費等高規格幹線道路の質の維持に必要な費用を料金で賄う─料金水準は下がるが有料制を存続する─ことである。もう一つは、……、交通量配

分の観点から原則的に永久有料制とし、維持管理費を含めた料金を設定することである。私（岡野）個人は、後者を考えたい。」［１］　として、かねてよりの永久有料制を主張している。さらに今後の高速道路の運営に対して、償還主義を改め、無期限有料制とし、公団の資金不足を起こさないことを条件として、

①多くの路線の細切れ整備をできるだけ避け、一つ一つの路線の全通を優先して収入増を図る、
②単年度予算を複数年度予算とし、経費を節減した場合は次年度へ繰り越して建設計画を前倒しする、
③金利負担をできるだけ低くするために資金調達を柔軟にする、
④高速道路の利用者ニーズがある付帯サービスについての制限を緩和し、収入増を図れるようにする、

という４つの提案を行っている。［２］

　さらに料金プール制は、これを再評価すべきとの立場を鮮明にしている。東日本大震災の前に起こった阪神・淡路大震災の教訓から、「単に地方の採算性が芳しくない路線の整備という観点だけでなく、……、一般国道の主要幹線を含めて考えることはいうまでもないが、相互に代替可能な路線が完備している災害に強い高速道路ネットワークは、個別路線の採算性にとらわれては整備できないので、たとえ、国費が投入されても、プール制が不可欠である。」［２］　としている。また、社会的なメリットをもっているがゆえに、今日でも料金プール制を認めている［８］として、その主張を踏襲しているのである。

　なお、料金プール制論議で、地域格差の軽減―所得再分配―のひとつの手段であったこと、換算起算日方式による全路線の同時無料開放という意義も忘れられてはならないとも指摘している。［５］

４－２　有料道路制度のあり方

　民営化推進委員会の「中間整理」への評価（日本交通政策研究会有志としてのもの）は１－２で示しておいたので、ここでは「最終報告」への岡野個人

4 改革案をめぐる評価と有料道路制度のあり方

の評価［6］を示しておこう。

「まず、小泉首相の「民間にできることは民間に任せる」という基本方針は「民間がする方が（国民にとって）良いものは民間に任せる」でなければならない。

道路関係四公団改革の発想は出発点から間違っていた。いわゆるボタンの掛け違いであろう。掛け違いの第1は、特殊法人改革を掲げて、特殊法人のなかで最も大きい日本道路公団を突破口にしようと取り上げたことであった。突破口には相応しいとしても、高速道路サービス市場の「市場の失敗」に気付かなかった。第2は、骨抜きにされる可能性を恐れて始めから「民営化」を決めてしまったことである。独占による「市場の失敗」が存在する市場での「民営化」は同時に厳しい料金規制の導入を伴うことに気付かなかった。「民営化」を閣議決定して「民営化推進委員会」を設けた。しかし、国鉄再建監理委員会が時間をかけて周到に議論を重ねたのと比較すると、時間的制限を課された道路公団改革のシナリオ作りは杜撰で、道路公団を俎上にのせるために道路公団の「経営破綻」やファミリー企業問題をマスコミに騒ぎ立てさせたところまではシナリオ通りだったが、具体的な問題に立ち入って検討する段になってシナリオを書き直す必要に迫られる。シナリオライターが複数いてひとつにまとまらない。

一般の民間優良企業並みに上場基準をパスするように「民営化」しようとすれば、破格の優遇、長期債務の軽減・国費投入など、が必要になるという。民間の活力を活かすというが、市場が独占的あれば料金をはじめ種々の規制が必要である。民営化すれば、経営効率が向上して通行料金が下がるという触れ込みだったが、独占市場であってもそうなるのか？

一方で今後の高速道路建設を抑えるといいながら、他方で株式を上場させるという。新規の建設投資をしない企業は資金調達の必要がないのに、なぜ上場させる必要があるのか。数え上げると民営化についてはあまりにも矛盾点や問題が多い。民営化とくに私有化の強行は将来に禍根を残すだろう。改悪にならなければ幸いである。

道路公団は民営化される、されないは別として、経営効率化―経費節減だけでなく収入増につながる交通量増加―に努めて国民の期待に添うべく自己改革してほしい。」

本章の最後に、日本の有料道路制度についての岡野の考え方を確認しておこう。それは

①高速道路も含めて道路の投資基準は費用対利潤（生産者余剰）だけでなく、費用対社会的余剰でなければならない、

② ①の規準を充たすが採算性が確保できない有料道路の建設に（地下鉄の建設補助と同様の）補助を与える、
③ 最近（執筆時の2003（平成15）年当時）、景気対策として高速道路の無料化の主張が見られるが、大都市圏では混雑が発生し、金銭的負担が軽減されても時間経費が増加し、効果がないだろう。料金を画一化しないで弾力的に運営し、利用を刺激しかつ収入が減少しない場合には料金を引き下げてもよい、
④ 将来の料金は基礎的な料金部分と混雑料金の組み合わせを志向すべきである。ETCが普及すれば十分に可能であろう、

との主張［8］に大要は要約されるのである[11]。

［第4章で主として用いた岡野論文等］
［1］「有料道路制度再考」、『高速道路と自動車』（1993年4月号）
［2］「高速道路運営の基本的問題：再考─償還主義、料金プール制度を中心に─」、『高速道路と自動車』（1995年5月号）
［3］「経営改善への道─経営改善委員会意見書を読んで─」、『高速道路と自動車』（1997年2月号）
［4］「繰り返される同じ主張─過去50年を顧みる─」、『高速道路と自動車』（1999年12月号）
［5］「道路4公団民営化問題：正確な理解・分析が必要」、『道路建設』（2002年10月号）
［6］「「天下の公道」を「私」するべからず─道路公団民営化への疑問─」、『道路』（2002年11月号）
［7］「誤認・誤解の解消が必要─道路公団民営化論議について─」、『高速道路と自動車』（2003年1月号）
［8］「有料道路制度」、『道路行政セミナー』（2003年5月号）
［9］「"政治問題"切り離した議論を─道路公団改革─」、『道路建設』（2003年11月号）
［10］「正確な事実認識とマスメディア─いくつかの問題─」、『高速道路と自動車』（2005年5月号）

---

11) なお、高速道路に関する諸制度、特有な用語については、（公益財団法人）高速道路調査会のホームページで「高速道路あれこれ─法制度・料金制度関係用語集─」としてまとめられていることに付言しておく。

第 5 章

道路特定財源制度の廃止

1　道路特定財源の一般財源化への経緯

1-1　道路整備緊急措置法の改正と道路整備充足論

　道路特定財源制度は1953（昭和28）年7月の「道路整備費の財源等に関する臨時措置法」により、1949（昭和24）年に創設された揮発油税の収入額に相当する金額を道路整備に充当させることで確立された。立ち遅れていた道路整備への議員立法による対応であった。同法はその後1958（昭和33）年3月に「道路整備緊急措置法」として改正され、道路整備五箇年計画、道路特定財源制度の根拠法として長らく本来の目的としていた道路整備の貴重な役割を果たしてきた。

　自動車利用者がそのサービスを享受する道路を整備するための財源を負担する道路特定財源制度は受益者負担原則（より正確には利用者負担原則）に立脚するものであり、受益と負担の合理性、利用に応じて費用を負担する公平性、必要な財源確保の安定性という3つの特徴を備えたものである。米国の道路信託基金制度と同じ発想で、同制度が1956年の発足であったことに対して、2年先行してわが国で道路特定財源制度が導入されたことは興味深いものである。[9]

　直接的にはその財源となる道路特定財源を構成する諸税の税収額が大きいことから、財政当局等は絶えず自らの裁量の余地を発揮できる一般財源化を目論んできた。代表的には昭和40年代の総合交通特別会計の構想において、1980（昭和55）年8月の大蔵省の『歳出百科』での道路整備充足論において、さらに小泉政権下での特別会計制度改革において、一般財源化・廃止が論じられてきたのである。

中でも、今から30年以上も前に財政当局が道路整備充足論を根拠として一般財源化を主張したことには、その後の一般財源化論の先例となってしまった感が否定できない。しかし、そこには論理的な裏付けを見い出すことができず、先例とすべきものとして適切であったのかが客観的にも問われる。1980（昭和55）年8月での『歳出百科』では

　　「わが国の道路の整備水準は著しく向上し、たとえば一般道路の舗装率はほぼ100％に近く、また、高速自動車国道の供用延長は約3,000kmに達しています。」

と綴られている。ところが道路統計をひも解いてみれば、1980（昭和55）年4月時点では、一般道路を一般国道、都道府県道、市町村道の合計とすると、舗装率は45.8％に過ぎず、本舗装では16.0％、簡易舗装が29.8％であった。簡易舗装は耐用年数が5年程度で絶えず維持補修が必要とされ、管理費も割高なものなのである。また、高速自動車国道の供用延長が3,000kmを超えたのは1982（昭和57）年3月末のことであり、『歳出百科』の作成時には2,500kmと数値そのものにも誤認があった。さらに西欧諸国に比べて、整備目標に対する供用延長の比である達成率は極めて低かった。ちなみに、英74.6％、西独70.7％、仏70.2％、伊87.0％に対してわが国のそれは39.6％であった。データ上からも、道路整備充足論は財源確保の手段の"ためにする"ものとして唱えられたと解釈せざるを得ない。しかし、『歳出百科』での主張は以後の道路整備充足論に繋がっていったのである。

　道路特定財源制度の根拠法である「道路整備緊急措置法」の改正経緯を関連資料の文面だけで確認しようとした場合、いささか分かり難い。同法の後継法としての「道路整備費の財源等の特例に関する法律」が成立したのは2003（平成15）年であり、そこでは揮発油税の税収等の金額を毎年度の予算において道路整備に充てることの義務付けが内容とされていた。

　その後、『歳出百科』での指摘から四半世紀で道路資本ストックは道路政策の二本柱の活用により確かに蓄積されてきた。それでも道路整備が充足したとの客観的データの裏付けが示されていない中で、小泉政権下で一般財源化への法律改正の着手が始められた。政府・与党において2005（平成17）年

12月9日に「道路特定財源の見直しに関する基本方針」(小泉内閣)、2006(平成18)年12月8日に「道路特定財源の見直しに関する具体策」(第1次安倍内閣)、2007(平成19)年12月7日に「道路特定財源の見直しについて」(福田内閣)が相次いで示され、2008(平成20)年5月13日には「道路特定財源等に関する基本方針」が閣議決定された。2008(平成20)年5月13日の閣議決定では、表5－1の第2項に示すように

　「道路特定財源制度は今年の税制抜本改革時に廃止し、21年度から一般財源化する。
　その際、地方財政に影響を及ぼさないように措置する。また、必要と判断される道路は着実に整備する。一般財源化の法改正により、道路整備費の財源等に関する法律案における道路特定財源制度の規定は21年度から適用されないことになる。」

と明記され、2009(平成21)年度からは道路特定財源制度は廃止とされている。

そのような中で、揮発油税等の道路整備への充当を盛り込んでいる「道路整備費の財源等の特例に関する法律」を一部改正して一般財源化するための

表5－1　道路特定財源等に関する基本方針

(平成20年5月13日　閣議決定)

道路特定財源等については、以下の基本方針のとおりとする。
1．道路関連公益法人や道路整備関係の特別会計関連支出の無駄を徹底的に排除する。
　政府全体で、行政と密接な関係にある公益法人について、6月末までに集中点検を実施し、支出の無駄を徹底的に是正する。
2．道路特定財源制度は今年の税制抜本改革時に廃止し21年度から一般財源化する。
　その際、地方財政に影響を及ぼさないように措置する。また、必要と判断される道路は着実に整備する。一般財源化の法改正により、道路整備費の財源等の特例に関する法律案における道路特定財源制度の規定は21年度から適用されないこととなる。
3．暫定税率分も含めた税率は、環境問題への国際的な取組み、地方の道路整備の必要性、国・地方の厳しい財政状況等を踏まえて、今年の税制抜本改革時に検討する。
4．道路の中期計画は5年とし、最新の需要推計などを基礎に、新たな整備計画を策定する。この計画は、20年度道路予算の執行にも厳格に反映する。
5．ガソリン税などの暫定税率の失効期間中の地方の減収については、各地方団体の財政運営に支障が生じないよう、国の責任において適切な財源措置を講じる。その際、地方の意見にも十分配慮する。
6．これらの具体化を進めるため、道路特定財源等に関する関係閣僚会議を設置する。

法律は2008（平成20）年3月13日に衆議院本会議で可決されたが、5月12日の参議院本会議では否決、憲法第59条第2項の規定により5月13日に衆議院において可決、公布・施行となった（施行は同年4月1日）。

1−2　道路財特法とその一部改正での複雑なプロセス

このような経緯で成立した「道路整備費の財源等の特例に関する法律の一部を改正する法律」（新たな法律名は「道路整備事業に係る国の財政上の特別措置に関する法律」、以下、「道路財特法」と略称）では、第3条に

> 「政府は、平成20年度以降の10箇年間は、毎年度、次に掲げる額の合算額に相当する金額（当該年度の揮発油税等の収入額の予算額等）を道路整備費の財源に充てなければならない。ただし、その金額が当該年度の道路事業費の予算額を超える時は、当該超える金額については、この限りではない。」

とされており、そこからは21年度からの道路特定財源の一般財源化を必ずしも読み取れるとはいえない。そこで同日、衆議院での再可決に先立って、「道路特定財源等に関する基本方針」の閣議決定が行われており、「一部改正法（道路財特法）」は同年12月8日の政府・与党合意「道路特定財源の一般財源化について」の第2項「道路特定財源制度廃止」において

> 「平成21年度予算において道路特定財源制度を廃止することとし、道路整備事業に係る国の財政上の特別措置に関する法律第3条の規定を削除するとともに、地方税法など所要の改正を行う。
> また、特定財源制度を前提とし、社会資本整備事業特別会計に直入されている地方道路整備臨時交付金を廃止する。」

とし、いわゆる道路財特法の改正への準備とした。（表5−2）　道路財特法の改正は2009（平成21）年4月22日に参議院本会議で可決・成立し（4月30日公布）、先の道路財特法での第3条の10年間揮発油税収を道路整備に充てる規定を削除し、道路特定財源は法律上も平成21年度から一般財源化された。

政府主導の一般財源化はその経緯からして極めて複雑で[1]、検討プロセスで道路特定財源制度の意義、役割が論理整合的に議論された上でのこととは

表5-2 道路特定財源の一般財源化等について

(平成20年12月8日政府・与党)

本年5月の閣議決定「道路特定財源等に関する基本方針」等に基づき、以下の措置を講ずることとし、関連法案を次期国会に提出する。

1. 道路関連支出の無駄の排除
　道路事業・道路関係業務の執行に対する様々な指摘を踏まえ、平成21年度予算において、徹底したコスト縮減、ムダの排除に取り組む。

2. 道路特定財源制度の廃止
　平成21年度予算において道路特定財源制度を廃止することとし、道路整備事業に係る国の財政上の特別措置に関する法律第3条の規定を削除するとともに、地方税法などの所要の改正を行う。
　また、特定財源制度を前提とし、社会資本整備事業特別会計に直入されている地方道路整備臨時交付金を廃止する。

3. 新たな中期計画
　道路特定財源制度の廃止に際し、新たな中期計画は、道路のみ事業費を閣議決定している仕組みを改め、他の公共事業の計画と同様とする。事業費ありきの計画を改め、計画内容を「事業費」から「達成される成果」(アウトカム目標)へと転換し、今後の選択と集中の基本的な方向性を示すものとする。また、他の社会資本整備との連携を図り、社会資本整備重点計画と一体化することとする。
　今後の道路整備に当たっては、最新のデータに基づく交通需要推計結果をもとに、見直した評価手法を用いて厳格な評価を行うことを明確にする。

4. 地方の基盤整備
　地方からの要望を踏まえ、地方の道路整備や財政の状況に配慮し、地方道路整備臨時交付金に代わるものとして、道路を中心に関連する他のインフラ整備や関連するソフト事業も含め、地方の実情に応じて使用できる1兆円程度の「地域活力基盤創造交付金(仮称)」を平成21年度予算において創設する。その際、これまで道路特定財源が充てられていた道路整備費等の見直しにより財源を捻出する。
　また、地方道路整備臨時貸付金制度については、引き続き維持する。

5. 既存高速道路ネットワークの有効活用・機能強化
　昨年12月の政府・与党合意「道路特定財源の見直しについて」に基づき、総額2.5兆円の債務承継を本年度末までに行い、地域の活性化、物流の効率化、都市部の深刻な渋滞の解消、地球温暖化対策等の政策課題に対応する観点からの高速道路料金の引下げ等を着実に実施する。
　なお、都市高速については、「生活対策」(平成20年10月30日新たな経済対策に関する政府・与党会議、経済対策閣僚会議合同会議決定)における重点的な引下げの後に、上限料金を抑えつつ、対距離料金制度を検討する。

6. 一般財源化に伴う関係税制の税率のあり方
　道路特定財源の一般財源化に伴う関係税制の暫定税率分も含めた税率のあり方については、今後の税制抜本改革時に検討することとし、それまでの間、地球温暖化問題への国際的な取組み、地方の道路整備の必要性、国・地方の厳しい財政状況等を踏まえて、現行の税率水準を原則維持する。ただし、納税者の理解、景気及び環境対策という観点から、自動車関係諸税の負担を時限的に軽減する。

7. 平成20年度予算における措置
　平成20年度予算において揮発油税収の減額補正が行われる場合には、これに伴い地方道路整備臨時交付金の減額補正も必要となるが、地方の道路整備や財政の状況に配慮し、この交付金の減額を行わないこととし、当初予算額どおり交付金を執行できるよう、法的措置を講ずることとする。

(附記)
　地方交付金は予算編成過程で増額する。

とても判断され得ないのである。

---

1) この間の経緯については、国交省道路局総務課道路政策企画室「道路特定財源の沿革と一般財源化等について」、『道路』(2009年4月号)以外には適切な解説文献を見出し難い。

2　道路特定財源制度廃止後の自動車関連諸税

2 − 1　自動車関連諸税の沿革

　道路特定財源を構成していた諸税は、揮発油税（国税）、地方道路税（平成21年度税制大綱より地方揮発油税、国税だが全額を地方に譲与）、軽油引取税（地方税）、石油ガス税（国税だが１／２を地方に譲与）、自動車取得税（地方税）、自動車重量税（国税だが１／３を地方に譲与）である。その経緯は図５−１に示すとおりである。自動車関連諸税としては、上記旧道路特定財源諸税に加え、従来からの一般財源諸税としての自動車税（地方税）、軽自動車税（地方税）、消費税（国税・地方税）と９種類に及び依然として複雑・多岐にわたっている。2008（平成20）年度までの制度、税率等は表５−３で確認される。

　道路特定財源諸税は道路整備のための受益者（利用者）負担を課税根拠としたものであるが、同制度そのものが廃止された後、すなわち道路整備に充当するためとした課税根拠が失われた後も存続、しかも揮発油税、地方揮発油税、軽油引取税、自動車取得税、自動車重量税は道路整備財源の不足への対応策として、本則税率を上回る暫定税率（当分の間税率）のままであり、本則税率のみの適用は石油ガス税だけという実情となっている。

　暫定税率の導入は揮発油税、地方揮発油税（上述のように当時は地方道路税）と自動車取得税が1974（昭和49）年４月、軽油引取税が1976（昭和51）年４月、自動車重量税が1974（昭和49）年５月であった。（図５−１）

　その導入に際しては、道路整備拡大のためではないのかとの指摘、ないし批判が少なくなかったが、道路整備のための財源不足を補うものであったものの、道路整備拡大が直接的に意図されたとするものではなかった。批判論の背景には、道路特定財源が基盤となっていた道路整備五箇年計画で、1970（昭和45）〜1974（昭和49）年度を目標年次とする第６次計画の予算額10兆3,500億円が、1973（昭和48）〜1977（昭和52）年度での第７次計画で19兆5,000億円とほぼ倍増したことがある。（図５−１）　しかし、そこには1973

（昭和48）年での第1次石油危機による狂乱物価の影響が大きく、道路予算不足への対応に迫られたことの予算増と解釈するのが実情に即している。狂乱物価では、1974（昭和49）年にCPIが20％台という異常な上昇率であった。暫定税率は5年ごとの見直しが行われているが、ガソリン[2]国会ともいわれた2008（平成20）年の見直しで、4月1日に一端は本則税率に戻った。とはいえ、暫定税率分の約2.6兆円の税収確保のため、1カ月後の5月1日に暫定税率は事実上の復活となった[3]。そこではガソリン価格の上下動を加味した留保条件がつけられたものの、まさに政治決着であった。また、暫定税率の延長は同年4月30日の衆議院での再議決により10年間とされた。道路整備充足論からすれば、当然暫定税率の廃止が唱えられなければならなかったのである。

　第2次安倍内閣の消費税5％→8％への増税で、自動車取得税は5％→3％（自家用登録車）、3％→2％（軽自動車・営業用車）に軽減、2013（平成25）年12月12日の平成26年度与党税制改正大綱で消費税率10％への引き上げ時（当時は平成27年10月予定とされていたが、その1年半後に変更）に廃止とされているが、その段階で車両取得価格を課税標準に基本とし、環境性能に応じて税率を0～3％の範囲内で変動させる「環境性能税」を自動車税に加えるとされている。これに対しては、失われることになる自動車取得税を補填するためのものとの批判が寄せられており、その動向が注目される。本来は2009（平成21）年度より廃止されるべき自動車取得税の環境性能税への付け替えに過ぎないのではとの疑念に、政府はどのような論理的説明をするのであろうか。なお、軽自動車税は2015（平成27）年度より四輪車で7,200円→10,800円（新車のみ）、二輪車で税率引き上げ（50cc以下で1,000円→2,000円、251cc超で4,000円→6,000円）自動車重量税は13年超の登録車に2014（平

---

[2]　世上ガソリン税といわれるものは、揮発油税と地方揮発油税を合わせたものの総称である。

[3]　自動車重量税だけは暫定税率の導入が1974（昭和49）年5月であったことから、その適用は2008（平成20）年4月一杯であったため、本則税率に戻ることはなかった。

118　第5章　道路特定財源制度の廃止

図5－1　道路特定財源の沿革と

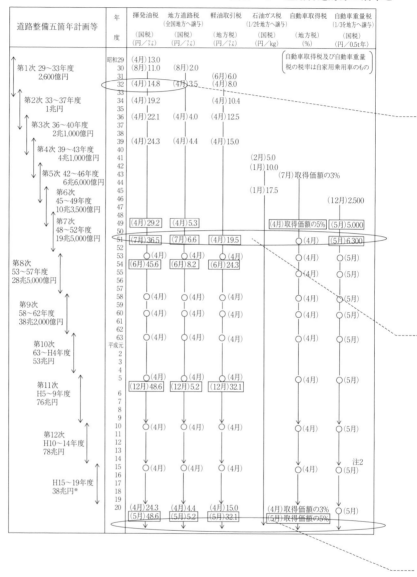

※地方単独事業を含まない額
注1：☐は租税特別措置法または地方税法附則による暫定税率、○は暫定税率の延長が行われた年である
注2：自動車重量税の地方へ譲与割合は、平成14年度まで1／4、平成15年度以降は1／3

一般財源化について

> 戦後の荒廃と泥道・砂利道の克服・近代道路行政の諸制度の構築

・昭和29年　道路特定財源諸税の創設

【揮発油税の道路特定財源化】
　立ち遅れたわが国の道路を緊急かつ計画的に整備する観点から揮発油税収相当額を道路特定財源化。

> モータリゼーションの飛躍的進展、高度経済成長の基盤のネットワーク構築

・急激なモータリゼーションの進展

	昭和35年	平成13年
自動車保有台数	230万台	7,273万台（約32倍）

・昭和38年　初の高速道路（名神）開通
　　→その後、中央道、東名道等が次々と開通
・昭和46年　交通安全五計開始
・昭和49年　暫定税率の導入

> 情報、環境、福祉等時代の新たな要請への対応

・昭和62年　14,000kmのネットワーク計画

・平成7年　電線共同溝法の成立

・平成12年　バリアフリー法成立、ETC開始

・道路特定財源の見直し
　平成17年11月　小泉総理大臣指示
　　→一般財源化と暫定税率は引き下げない
　平成20年５月　「道路特定財源等に関する基本方針」閣議決定
　平成20年12月　「道路特定財源の一般財源化等について」政府・与党合意
・平成21年度予算において、全額一般財源化

注３：暫定税率の適用期限は平成30年3月末（自動車重量税については平成30年4月末）
出典：国交省道路局総務課道路政策企画室「道路特定財源の沿革と一般財源化について」、『道路』（2009年4月号）

表5－3　平成20年度までの道路特定財源諸税一覧

(※平成21年度以降はすべて一般財源)

	税目	道路整備充当分	税率	税収 (平成20年度)	(参考) 税収 (平成21年度)
国	揮発油税 昭和24年創設 昭和29年より特定財源	全額	(暫定税率) 48.6円／ℓ (本則税率) 24.3円／ℓ	27,299億円	26,280億円
	石油ガス税 昭和41年創設	収入額の1/2	(本則税率) 17.5円／kg	140億円	130億円
	自動車重量税 昭和46年創設	収入額の国分 (2/3) の約8割 (77.5％)	[例：自家用乗用車] (暫定税率) 6,300円／0.5t 年 (本則税率) 2,500円／0.5t 年	5,541億円	5,007億円
	計			32,979億円	31,417億円
地方	地方道路譲与税	地方道路税の収入額の全額	(暫定税率) 5.2円／ℓ (本則税率) 4.4円／ℓ	2,998億円	2,812億円
	石油ガス譲与税	石油ガス税の収入額の1/2	※石油ガス税参照。	140億円	133億円
	自動車重量譲与税	自動車重量税の収入額の1/4	※自動車重量税参照。	3,601億円	3,300億円
	軽油引取税	全額	(暫定税率) 32.1円／ℓ (本則税率) 15.0円／ℓ	9,914億円	2,533億円
	自動車取得税	全額	(暫定税率) 自家用は 取得価額の5％ (本則税率) 取得価額の3％	4,024億円	9,277億円
	計			20,677億円	18,055億円
	合　計			53,656億円	49,472億円

注1：20年度の税収については、国分は当初予算、地方財政計画による。21年度の税収については、国分は当初予算(案)、地方財政計画(案)による。
注2：自動車重量税の税収は、収入額の国分(2/3)の約8割(77.5％)相当額である
注3：暫定税率の適用期限は平成30年3月末(自動車重量税については平成30年4月末)
注4：地方道路税および地方道路譲与税は、平成21年度よりそれぞれ地方揮発油税および地方揮発油譲与税となる
注5：四捨五入の関係で、各計数の和が合計と一致しないことがある
出典：表5－2と同様

成26）年度より0.5トン当たり5,000円→5,400円、2016（平成28）年度より5,400円→5,700円、同じく軽自動車に3,800円→3,900円、3,900円→4,100円に重課されることになった。地方税収確保のためとはいえ、自動車ユーザーには過重な税負担が是正される方向にはない[4]。

2-2　自動車関連諸税での非論理性

　そもそも論として、自動車関連税には徴税上の便宜的な面のあることが否定できない。その代表的なものは自動車取得税と消費税、ガソリン税と消費税が典型である。前者に関しては、「自動車取得税は流通税として課税するものであり、消費に対する課税ではない」とする総務省の見解は、「（本来は廃止されているべき）自動車取得税に消費税が重課されているのは二重課税である」との主張への抗弁として示されたものである。しかし、課税対象の自動車の取得という行為に対し、2つの課税を行っていること自体が便法にすぎない。流通税は財の移転の背後に担税力がありとして、その移転に課される税であり、広義の間接税である。この意味では、間接税の典型である消費税の二重取りとはならないのであろうか。また、総務省は「消費税の創設時（平成元年度）に物品税が廃止された一方で自動車取得税が存続されたことや、消費税の引き上げ、地方消費税の創設時（平成9年度）に自動車取得税の負担調整が行われていない」ことを論拠に二重課税を否定するが、これは既定事実を述べているだけで、当該既定事実が論理整合的であることが示されなければならない。後者に関しては、ガソリン税（揮発油税48.6円／Lと地方揮発油税5.2円／Lの合計額）に消費税が課されているtax on taxに他ならない。

　さらに、自動車重量税についても、その導入経緯、運用等に論理的説明に困難な点があるのは、すでに第2章（2-3）で示したとおりである。道路交通需要の増加、地域格差の是正に対処すべく樹立された第6次道路整備五箇年計画でも、すでに財源不足は顕著になっており（国費で約3,000億円、地

　4）　2014（平成26）年12月30日の与党税制改正大綱には幾分の変化が示されている。

方費で約1,000〜1,500億円と見込まれていた)、自動車新税の創設が構想され、これが自動車重量税となって具体化したが、そもそもの課税の主たる基準は道路の損傷であった。より正確には、岡野は「新税(重量税)は道路の建設費及び損壊のコストが(自動車の)重量に応じて異なるのを反映させるものであること、国鉄貨物輸送とトラック輸送の費用負担の不公平を是正し、競争基盤の平等を図るイコール・フッティングを実現するものであることを根拠にしたもので、営業用と自家用の差別はあり得ない性格のものとして出発したものであった」と述べている。[2]　自動車重量税の段階的な重課は実質的には「道路の損傷」が「環境」基準にすり替えられたものと解釈される。自動車取得税に比べ自動車重量税は税収規模が約3倍と大きいからとはいえ、道路特定財源制度が廃止された以降においても、課税本来の趣旨を説明することなしに、重課の方向には利用者の納得が得られ難いのではなかろうか。

　租税政策は課税を行う側(政府)と納税者の間の合意の成立こそが最も重要だとする岡野の30年以上も前からの指摘[4]が活かされていないのは、論理性をさておいても租税の世界の現実といわざるを得ないのであろうか。負担すべきものは負担しなくてはならないのは国民としての当然の責務であるが、そこに合意がないとすれば、政策の持続可能性は期待できない、したがって社会的にも好ましくないのである。

3　道路特定財源制度の意義と役割

3−1　特定財源制度の意義

　これまで眺めてきたとおり、道路特定財源制度は紆余曲折を経て廃止されたが、財政当局、多くの財政学者が指摘するような制度そのものに欠陥があったためなのであろうか。岡野はそのようには考えなかった。道路特定財源の制度としての役割が終わらざるを得なくなったのは現実であるが、それが果たして正しい方向転換といえるのであろうか。政策変更の評価を試みる上で、岡野の考え方を整理しておくことが必要であろう。

論点整理のために単純化して、一般財源と特定財源の基本的な差を挙げれば、一般財源は目的拘束なし、原資は普通税、特定財源は目的拘束あり、原資は目的税である。岡野は目的税と特定財源制度は手続き上の差異だけで実質的には同じとの解釈で論を進めている。［８］　財政学者の道路特定財源制度批判は、目的税としての使途の制限、財政の硬直化にある。前者に関しての財政学者のよく用いる例示は、自動車関係諸税─ここでは便宜的に自動車税、軽自動車税のような普通税を含む─を道路整備の目的税にすべきだというのであれば、酒税は酔っ払い対策などに、たばこ税は喫煙室の整備などに充当しなくてはならないことになるのではないか、というものである。これに対して、岡野は目的税には二つの種類があり、所得税、法人税、酒税、消費税、たばこ税の一部から成る地方交付税に関しては、所得税等をなぜ地方交付税にするのかは財政上の便宜であって、両者の間に特別な関係はないのに対し、自動車関係諸税は道路の整備・維持管理に必要な経費を受益者負担によって賄う仕組みで目的税にしているのであり、いわば道路サービスの価格ないし対価の役割を負わされている、疑似的に価格の機能を果たしていると反論する。市場機構を可能な限り活用すべきであるという岡野の基本的立場からの主張である。後者に関しては、経済の状況に応じて柔軟に最適な財政政策を実施するという裁量的財政の理念は理解できるとしながらも、この理念に沿った財政運営に、これまでの経緯から大きな疑問を呈している。［６］「自由裁量的」な財政運営の前提である、適切な時期に、適切な目的に、弾力的に財源の配分が行われることがまったく満たされていないのが現実だからだとしている。［３］　次の３－２でも示すように、現実をつぶさに観察してきた岡野の判断である。

　岡野は公共部門の提供するサービスについて「一般論として可能な限り受益者負担のシステムを導入すべきであろう」［７］、「国民の公共サービスただ乗りをできるだけ排除し、できるだけ公正に費用を負担するようにするためには、可能な限り user charge あるいは tax-price を目的税の形で導入すべきだ」［９］、「目的税の制度は、いわば財政という政治的過程に、税を市場における価格の代わりに用いて公共サービスの需給を調整する擬似的市場

機構なのである」[２]、と目的税を肯定している。さらに「受益と負担の関係が比較的はっきりしている政府サービスについては、諸税と支出の関係を明確にする目的税をもっと導入すべき」、「目的税に政府サービスのコストを意識させ、政府サービスの需要が過大にならないようにすべき」[６] と主張している。この見解は「敢えて目的税を推す」とのタイトルの論考の中で示されているが、"敢えて" という表現に、理論と現実の乖離への戒めが込められているのである。

3－2　英国・米国での実情

　道路特定財源制度の意義を論ずるに当たり、岡野は英国の道路基金（Road Fund）、米国の道路信託基金（Highway Trust Fund）の経緯を紹介している。[９]　ロイド・ジョージにより1909年に設立された道路基金では、馬力について累進的な自動車登録税と新設の１ガロン当たり３ペンスのガソリン税収入を基金に入れ、主として道路の維持補修に当てられた。当初は道路の改良・新設が捗らず道路ユーザーの不評を買ったが、道路の利用者が使用する車両の種類、道路の利用度に応じて道路の新設・維持補修の費用を負担する制度の意義は大きかったとする。道路損壊についての原因者負担の要素も考慮されていたことに注目している。第１次世界大戦後の1936年にチェンバレンによって事実上整理、1955年に正式廃止されたが、第２次世界大戦直後、当時財政状況が良かった政府が道路整備に必要な一般財源から出すとの約束で復活しなかったという経緯が英国のケースである。実質的にわが国の道路特定財源制度と同じものであるといってよい道路基金の廃止が、わが国の道路特定財源論議の際に引き合いに出されたが、同基金の廃止は道路整備の終了を意味しなかったことに留意する必要があるとしている。その理由として、第２次世界大戦後数年にわたって毎年11％増の予算を付けたこと、1960年と68年の２度にわたって道路基金の再生の動きがあったことを挙げている。[４]

　米国の道路信託基金は "pay as you go"（現金払い）の考え方に立ったものので、これを使って建設された州際道路は無料であるが、用地費を含めた建

設費全部が賄われているため、いわば前払いである。したがって、現在の道路利用者の負担は過大であり、道路信託基金は公債を発行して資金を調達し、道路の耐用年数に対応して公債を償還するようにすべきだという批判もあったとの経緯を紹介している。結果としては米国の道路信託基金に先立って発足したわが国の道路特定財源制度が、米国の道路信託基金と同じ発想であったとの解釈は先に第2章（5－1）で簡単に触れておいたとおりである。

目的税や特定財源制度の意義についての岡野の考え方は、

> 「完璧なものとはいいがたく、それなりの欠点をもっている。しかし、理想的な資源配分を達成すべく自立された自由裁量的な財政が、結果的には現実の政治的決定によって最適資源配分から程遠い不適切な資源配分をもたらしている事実を考えれば、特定財源制度は最適なものではなくとも、次善のものといえよう」、

道路特定財源制度については、問題点はあるが、

> 「次善のものとして評価すべきであるし、とくにわが国のように公害問題の解消を道路施設の整備—質の向上—によっても行わなければならない場合には、道路利用者が外部不経済を内部化して負担するという面も含めて特定財源制度を維持すべきである。」

ということに要約される。［3］

計量経済学の研究から名神高速道路の交通量予測に従事したことで交通に関心を抱き、交通研究に専念した岡野は、その研究経歴から当然のこととして理論・理論研究の重要性を十二分に認めている。その上で、交通は社会科学であるとして現実への適用可能性の検討が不可欠であるとしている。このことは自動車重量税のケースを通しての次の見解に端的に示されている。

> 「財政学あるいは公共経済学の教科書あるいは経済理論の教科書に、最適課税とか、最適補助金といった理論的分析を見出すことができる。筆者は、こうした最適課税・補助金理論の理論としての正当性を認めるけれども、これを直接現実の政策に導入することの危険性ないし空しさを何度も経験してきた。新税が導入されたり、新しい補助金が導入される場合、その当初においてこそ、課税・補助金のシステムは、その導入を正当化するために使われた課税・補助金

の理論からそれほど乖離していない。しかし、時日の経過とともに、それは政治的に歪められて、本来の目的からまったくかけ離れたものになってしまうのである。自動車重量税はその典型的なひとつの例である。」

としているのである。［4］

3－3　道路特定財源制度のあり方──再考──

　道路特定財源制度が政治主導で廃止の方向性が色濃くなった段階で、2005（平成17）年12月9日の政府・与党の「道路特定財源の見直しに関する基本方針」が出される直前（11月28日）、日本交通政策研究会は「道路財源のあり方」をテーマとする緊急シンポジウムを開催した。その検討用の資料として、岡野のリーダーシップの下でまとめられたのが「道路特定財源のあり方─ 一般財源化は財政危機への誤った対応─」である[5]。当然のことであるが、これは日頃の岡野の主張を反映してのものである。そこでの主張は以下の5点にまとめられている。

①各特別会計には性格の違いがある。道路整備特別会計の財源となっている諸税は道路サービスの利用者料金（user charge）としての擬似的な課金形態であり、その機能は資源配分の適正化をもたらすものである。
②道路特定財源制度は、受益と負担の一致という受益者負担原則に立脚しており、公平で、効率的、かつ安定性のある適切な負担方式である。
③いわゆる余剰は公共事業予算のシーリング政策から帰結する、いわば「作られた」余剰なのであり、決して道路の整備が充足されたからではない。「道路の整備がもはや十分である」のかをまず検証することが筋道である。わが国の道路整備は二本柱の活用により進捗したが、われわれの見解では、現段階ではまだ充足に至っていない。
④もし道路整備が充足したのであれば、それは道路特定財源諸税を引き下げるべきことを示唆するものであり、一般財源化の根拠とはなりえない。
⑤しかし、現在の道路特定財源諸税は不合理な部分を含み、再構築が求められる。また、中期的には自動車燃料のエネルギー・シフトに備える必要がある。

　道路特定財源制度が廃止される以前の見解であるが、基本的考え方は今日

5）　同レポートの補足資料をも含めたものが　日本交通政策研究会『道路特定財源制度の意義』（2006年12月）として公刊された。

でも変わりはない[6]。

附論　道路特定財源の転用論について
―「21世紀の公共事業を考える有識者会議」での扱い―

　道路特定財源の一般財源化までには踏み込まないまでも、第3章の5-1でもその一端を触れたように、他の用途への転用論は何度となく展開されてきた。とりわけ予算規模の大きい公共事業のあり方を論ずる中で多かった。その代表的なものとして、岡野が関与した、2000（平成12）年10月6日に自民党亀井静香政調会長（当時）の下で発足した「21世紀の公共事業を考える有識者会議」でのケースを紹介しておこう。

　同会議では省庁再編後の初年度である2001（平成13）年度予算編成に当たっての基礎資料とすべく、10名の委員（猪口邦子・井堀利宏・植草一秀・岡野行秀（座長代理）・金本良嗣・島田晴雄・杉山雅洋・月尾嘉男・的場順三（座長）・森地茂）が、関係省庁（大蔵省・自治省・建設省・運輸省・農林水産省・厚生省・環境庁・文部省・科学技術庁）からのヒアリングを行った上で議論が展開された。同会議の発足前のマスコミ報道では「道路特定財源を見直し、他用途への転用検討」（読売9月11日）、「道路予算で鉄道整備、自民・使途拡大を検討」（日経9月18日）といった憶測が伝えられた。公共事業の中でも予算規模の大きい道路事業、その主たる財源である道路特定財源がここでも注目を集めていたのである。

　会議の中では特定財源そのものを根本的に議論する時間的余地は限られ、具体的な結論を得るには至らなかった。11月27日の第7回会議で採択された報告書[7]の第4章での「（4）財源」の項では「現状においては、社会資本

[6) 道路特定財源制度廃止後の杉山の見解は「特定財源制度の意義と課題―道路特定財源論議の教訓から―」航政研研究シリーズ　No.499（2008年10月）を参照されたい。

[7) 自由民主党　21世紀の公共事業を考える有識者会議「21世紀の公共事業を考える」（2000年11月27日）

整備の財源の大宗について、公債発行に依存しているが、今や国だけで200兆円を超える建設公債残高を抱えるに至っており、社会資本の受益が後世代に及ぶとしても、今後は、後世代に過大な負担を残さないような財源の確保を前提として、社会資本整備の進め方を検討すべきである。この点に関連し、特定財源のあり方についても常に検討していくことが必要である。」と記述され、そのあり方は検討課題とされた。座長代理をつとめた岡野は第6回会議で「特定財源については、国土交通省が発足する中、いまのままでよいのかという問題があろう」との発言を残している（議事概要）が、会議での主張ないし的場座長との会話では（道路）特定財源の具体的なあり方については議論不足、転用論は時期尚早であるとしていた。転用論については、論理整合的な議論を行うべきであるという従来からの主張を行ったのである。

なお、同報告書は第5章で今後の社会資本整備の方向性を扱った「（4）更新需要への対応・既存ストックの有効活用」の項で、①維持更新需要の的確な将来予測、②ライフサイクルコスト低減のための先駆的投資、③既存ストックの有効活用―つくる時代から使う時代へ―、④企業会計的手法の導入、の4つを提言したが、これらは10数年後の今日の課題でもあるといってよい。同報告書が日本新生プラン枠である①IT革命の推進、②環境問題への対応、③高齢化社会への対応、④都市基盤整備、の重要4分野の推進に繋がった意義は少なくないであろう。

［第5章で主として用いた岡野論文等］
［1］シンポジウム（今野源八郎・遠藤湘吉・岡田清・岡野行秀・川又克二・江見康一・大石泰彦・星埜和・増井健一）「道路財政・金融政策のあり方」、『高速道路と自動車』（1970年11月号）
［2］「自動車新税の政治経済学」、『週刊東洋経済』（1991年3月6日号）
［3］「自動車関係税制のあり方」、『高速道路と自動車』（1976年3月号）
［4］「合意と不信―道路特定財源をめぐって―」、『高速道路と自動車』（1980年5月号）
［5］「後悔先に立たず」、『高速道路と自動車』（1981年2月号）
［6］「敢えて目的税を推す」、『高速道路と自動車』（1996年12月号）

［7］「理性的な政策論争を─マスコミの役割を考える─」、『高速道路と自動車』（2001年1月号）
［8］「道路特定財源制度の役割」、『道路行政セミナー』（2001年4月号）
［9］「道路特定財源の歴史的経緯と意義」、『建設オピニオン』（2001年7月号）
［10］「アジテーションの時代風潮を憂う─道路問題の歪められた非難─」、『道路建設』（2001年8月号）

第6章

規制緩和政策

1 規制（政策）と規制緩和（政策）

1-1 規制の基本類型

　規制には大別して経済的規制と社会的規制がある。前者には、競争そのものを抑制する競争規制と独占を容認しない独占規制があり[1]、そのうち規制緩和の議論の対象となるのは競争規制である。独占規制は競争を促進するための手段である独占禁止法（独禁法）の適用に代表されるように、その発動の対象範囲をめぐっての見解に差はあっても、これを否定する意見はほとんどない。競争の弊害を除去するとの名目で行われる競争規制は需給調整の観点からの参入規制、その見返りとしての価格規制が中心であり、需給調整を市場に委ねず、行政等の介入によって行うものである。現実には市場機構が機能しい得ない面が少なくないということから、政策的にこれを補うものとして規制が行われてきたのがわが国での実情である。

　経済的規制に対して、もう一方の社会的規制は安全・健康の確保、環境の保全、災害の防除などの社会的観点から行われるものである。規制改革、経済改革を提唱した1993（平成5）年の通称平岩レポート[2]の基本方針では、経済規制は「原則自由、例外規制」、社会的規制は「自己責任を原則に最小限に」とされた。

---

[1] 藤井彌太郎教授は競争規制を公益事業タイプの規制、独占規制を独禁法タイプの規制と命名していた。

[2] 平岩外四氏を座長とする委員会の「規制緩和について（中間報告）」（2005年11月）、「経済改革について」（2005年12月）が、平岩レポートと通称された。

1－2　参入規制の緩和

　競争規制では参入規制と価格規制が対として行われてきた。参入者を規制（限定）することで独占体、寡占体の形成を政策的に認めることへの代償に、価格を競争が行われる場合に成立するであろう水準に規制するものである。

　参入規制の一般的根拠は規模の経済性、輸送秩序・公衆衛生の維持の観点とされてきた。前者の規模の経済性を論拠とする参入規制は、独占禁止法（旧）第21条で「鉄道事業、電気事業、ガス事業その他その性質上当然に独占となる事業を営む者の行う生産、販売、又は供給に関する行為であってその事業に固有なものは適用除外とする」とされていたが、2000（平成12）年の独禁法改正で「その性質上当然に独占となる事業」を象徴する自然独占[3]に関する規定が削除された。自然独占を理由に参入規制を加えずに、競争を促進することの方が望ましいという観点からのものである。この契機となったのは、とりわけ1970年代以降の世界的な規制緩和政策である。

　その理論的根拠となったのが米国のボーモル等[4]のコンテスタブル・マーケット理論である。その詳細はこの分野での経済学の専門書に委ねることとして、コンテスタブル・マーケット理論の概要は「多額の埋没費用が存在せず、かつ既存の企業と同じ費用関数をもった潜在的競争者に、当該市場への即時的参入ないし当該市場からの即時的退出という条件が満たされれば、実際に競争は行われなくても市場はコンテスタブルになり、彼らの存在により既存企業の生産は効率的になるので、参入規制の必要はない」と整理され得ることを紹介しておこう。

　コンテスタブル・マーケット理論を論拠とした規制緩和政策の代表例は米国「1978年の航空企業規制緩和法（Airline Deregulation Act of 1978）」であるが、同法の施行後の航空企業の動向はわが国でも大いに注目されることとな

---

[3]　経済学的には、自然独占は分割不能な固定施設の割合が多いという技術的特性により長期平均費用が逓減することから生産力拡大が有利に働き、市場で自ずと形成される独占である、とされるのが一般的である。

[4]　Baumol, W. J., Panzer, J. C. &R. D. Willig: *Contestable Market and the Theory of Industry Structure*, New York: Harcourt Brace Jovanvich, 1982 なお、同書の出版は1982年であるが、ボーモル達の主張は1970年代から行われていた。

ったが、これをめぐる解釈は必ずしも一様ではなかった。同法の施行直後こそコンテスタブル・マーケット理論の示唆するとおり、参入企業が急増したが、その後実質上アメリカン、ユナイテッド、デルタの三大メガキャリアの寡占[5]となった。この現象は競争を促進するための規制緩和の趣旨と論理矛盾するのではとの指摘が少なくなかった中で、岡野は寡占であっても「あらかじめ形成された寡占」と「市場競争の結果形成された寡占」は別物であるとの見解から、反規制緩和論への批判を行った。［２］　岡野自身はコンテスタブル・マーケット理論の提唱以前から規制緩和を主張していたのであり、競争の意義を十分に認識していたからである。

　岡野は政府が1971（昭和46）年に策定した総合交通体系の審議の過程で、その実態が本質的に市場規制の強化であることを見抜き、「交通市場の場合には政府の規制は不可欠である」という伝統的な考え方と決別し、それ以来、競争を通じての市場成果の改善—規制緩和を一貫して主張してきたのである。

2　運輸部門における規制緩和

2-1　規制緩和論の風潮

　とりわけ運輸省が需給調整規制の原則廃止の方向転換をして以来、「昨今では「規制緩和」という言葉がややもすれば安売りされ、規制の緩和がどのようなメカニズムを通じて、どのような結果をもたらすのか、正確に脈絡を示すことなく、内外価格差の是正や不況対策の特効薬のようにあつかわれるようになった感がある。」と岡野が綴ったのは1980年代末のことであった。［７］　社会的風潮から、従来の需給調整規制政策への反動が極端すぎる傾向であった状況が否定できないためであった。

　世界的な規制緩和の推進という動向の中で、わが国でも規制緩和政策への流れとなり、その大きな契機を作ったのは行政改革委員会であった。同委員

---

5)　その後、ユナイテッドはコンチネンタルと、デルタはノースウェストと合併し、寡占の様相を一層強くしている。

会は1996（平成8）年12月6日の「規制緩和の推進に関する意見（第2次）」で、運輸部門でも需給調整規制の基本的廃止を中心とした行政の基本方針の大転換を図るべきであるとして、交通分野での参入規制・価格規制の見直しを迫った。これに呼応する形で運輸政策審議会が交通モード別にこれまでの規制を抜本的に検討、その後の環境づくりを論ずることとなった。運輸省は「今後の運輸行政における需給調整の取り扱いについて」において、

- ①人流・物流の全事業において、原則として、目標期限を定めて需給調整規制を廃止する、
- ②そのための環境又は条件を整備するとともに、利用者保護、安全確保等の観点から、必要な措置を講ずる、

との基本方針を明らかにした。その具体策を求めて運輸大臣は1997（平成9）年4月9日運輸政策審議会（豊田章一郎会長）に「交通運輸における需給調整規制廃止に向けて必要となる環境整備方策について」を諮問した。（第2章5-2参照）　運政審では総合部会のほかに、モード別4部会として鉄道部会、自動車交通部会、海上交通部会、航空部会を新設し、部会ごとの検討を行うこととなった。岡野が部会長の任に当たった自動車交通部会の答申については、乗合バス事業を中心に第3節（3-1）で紹介することとする。

2-2　量的免許と質的免許

わが国の交通分野での規制緩和論に大きな影響を与えたものは—それが正しく解釈されたのかは別として—英国の1968年の交通法である。第2章（2-1）でも触れたように、規制緩和の提唱は米国よりも英国の方が早かったのである。1968年交通法では、参入及び運賃規制に関わる量的免許（quantity license）と安全確保、事業経営者の要件などを求める質的免許（quality license）に分類し、質的免許だけを残し、量的免許を廃止した。わが国でいう経済的規制（競争規制）の廃止をいち早く実行したのである。岡野は、自らの考え方に合致するこの政策を高く評価するのである。

その一方で、質的免許の目的とされている安全性を確保するためには量的

免許をベースにした上での市場競争が不可欠とのことから、量的免許の必要性も主張される。これに対して、岡野は採算割れ運賃（したがって安全確保に問題）への懸念には、「もし、安全確保に関する規制が厳密に行われ、事業者がそれに忠実に従うならば、どれほど競争が激しくても、全ての事業者は安全確保のための経費を削減できないので、運賃はそれを賄い得ないほど低くなることはない」、質的免許の独立性には「安全確保のための車両整備と労働条件の規制—安全規制—と、市場における需給調整に関わる規制—参入及び運賃に関わる市場規制—とを明確に区別し、独立したものとして運用することは十分可能である。」[2] と反論する。「量的規制に頼っていては、企業の活力のみならず、社会の活力をも失うおそれがある。」、「量的免許を一挙に廃止しないまでも、大幅に緩めて企業の経営上の創意工夫を刺激し、競争を促進すべきだと考える。」、「規制緩和（廃止を含む）の目的は、市場の競争を促進し、市場成果を向上させることである。したがって、許認可の規制の数を減らすことよりも、まず市場成果の向上を妨げている規制を改革することは重要である。」[6] として、量的免許の弊害を強く指摘している。安全のための規制と参入規制を混同してはならないとするものである。

2-3 規制緩和の本質

岡野は経済学者として、規制緩和の本来の目的は資源配分の効率向上を通じて社会（経済）厚生を増大させることだとした上で、規制緩和によって社会的厚生が損なわれる可能性のあるケースは存在するとする。その例として、古典的な規模の経済、範囲の経済が著しい産業のケースを指摘する。[7] 本章の1-1でも触れたように、規模の経済—費用逓減—が働く自然独占の産業が効率的な資源配分を目指すには、伝統的に公的部門が直接供給するか、あるいは参入規制によって民間企業に独占を認める代わりに価格規制を課すかのいずれかを採用すべきであるとされてきた。しかし、岡野の見解は、現実にはこれら二つの方式はいずれも万全ではなく、公的部門による供給の場合では経営の非効率性、独占を付与された民間企業の場合にも当該

企業の効率的経営を達成することが困難であることが明らかとなり、公企業の民営化や参入規制の緩和による独占の廃止—競争促進—が主張されるようになったとの整理である。しかし、後者のケースでは、市場において多少とも競争が存在する場合には、公企業の経営が非効率であると速断するのは正しくないとする。競争圧力のある場合には、企業の所有形態の問題は二の次であり、この観点からの検討が重要であるとの見解である。冷静かつ客観的な観察、それに基づく論理的な推論の重要性を指摘するのである。

断るまでもないことであるが、岡野は無条件に規制緩和、民営化を支持したわけではない。先ず、実態を冷静に直視すべきことを重要視する。岡野の観察した（需給調整規制時代の）交通市場は、第3章の巻末に示した文献［3］で、「もともと自由競争からは程遠いものであって、いわば「管理された」市場である。したがって、このような「管理された」市場の「市場の失敗」を教科書にみられる典型的な市場の失敗と混同することははなはだしい誤りである。交通市場に競争がないわけではない。しかし、その競争は「管理された」市場におけるそれであって、自由競争を前提とする市場の競争とは異なるものである。交通市場において「市場の失敗」が問題にされるならば、まず検討しなければならないのは、交通市場の基本的条件—枠組み—を規定している市場介入、すなわち交通政策である。」とすでに40年近く前に綴っている。実際問題として、第4章でみたように、道路関係四公団改革論議では、事実認識、論理整合性の観点から、民営化に反対意見を表明していたのである。

次に、政府—国家—の役割について、一方で最小限にとどめるべきだ、他方で市場の失敗や限界を修正する上でも、社会正義を貫徹する上でも、限定つきではあるが重要な役割を果たしている、との意見が示されている中で、2001年のノーベル経済学賞受賞者のJ.スティグリッツは後者であると伝えている。岡野の考えは基本的に前者だが、「市場機構を無条件に信用していない。政府—国家—が介入すべき分野はあるし、市場機構が期待されたようにはうまく働かない—社会的厚生の改善に寄与しない—場合には、その是正は政府—国家—の役割であると考える。」［12］と、交通市場での需給調整規

制が原則廃止された後でも、政府の役割を否定しているわけではない。政府—国家—が行政の効率を高め、透明性を改善し、国民に信頼されるのであれば、その役割を公正に評価すべきだとしているのである。

その上で、「規制緩和は善で、規制は悪」、「民営化は善で、公企業は悪」というステレオタイプの認識に対し、「市場は一定の目的を達成するための手段である。最も顕著な目的は、より高い生活水準を実現することだ。市場そのものが目的ではない。」とのスティグリッツの主張を紹介している。[12]

以下、岡野が政策決定の過程で、ないしは政策論議で主体的に直接関わった、自らの規制緩和の考え方を強く主張した交通政策の代表的な事例を示すことにしよう。

3　バス事業の規制緩和──乗合バス事業を中心に──

3－1　運輸行政での需給調整規制廃止の流れ

先にも述べたように、運輸部門での規制緩和政策のきっかけを作ったのは行政改革委員会であった。行政改革委員会は1996（平成8）年12月16日の「規制緩和の推進に関する意見（第2次）」（翌年3月28日に「規制緩和推進計画について」の閣議決定）で、運輸部門でも需給調整規制の基本的廃止への行政の大転換を図るべきであるとして、自動車交通分野ではタクシー事業・バス事業の参入・価格規制の見直しを迫った[6]。閣議決定での自動車交通部門の扱いは

［乗合バス事業］
・需給調整規制の廃止につき、生活路線の維持方策の確立を前提に、所要の法改正を行い遅くとも平成13年度までに実施する。
・需給調整規制の廃止の際には、上限価格制を検討の上、措置する。
［貸切バス事業］
・需給調整規制の廃止につき、それに必要となる安全の確保、消費者の保護等の措置を確立した上で、所要の法改正を行い平成11年度に実施する。

・運賃については、需給調整規制の廃止に併せて届出制へ移行する。
［タクシー事業］
・需給調整基準の段階的な緩和を進めるとともに、需給調整規制の廃止につき、それに必要となる安全の確保、消費者の保護等の措置を確立した上で、所要の法改正を行い遅くとも平成13年度までに実施することとし、前倒しに努める。
・運賃については、需給調整規制の廃止の検討と並行して速やかに上限価格制を検討の上、遅くとも平成13年度までに措置することとし、前倒しに努める。

というものであった。タクシー事業・バス事業に対して行政改革委員会が示した内容は、基本的にこれと変わるものではなく、表6－1に見られるように、車両数への具体的規定が盛り込まれている。

運輸省はこれを受ける形で、「今後の運輸行政における需給調整の取扱について」において、本章2－1で示したように、需給調整の原則廃止を目標期限内に人流・物流の全事業分野において実施する、そのための環境整備に必要な措置を講ずるとの基本方針を明らかにし、その具体策を求めて運輸大臣が運政審に「交通運輸における需給調整規制廃止に向けて必要となる環境整備方針について」を諮問した。岡野は自動車交通部会の部会長をつとめ、杉山は特別委員として参加した。自動車交通部会は1998（平成10）年6月2日に「貸切バスの需給調整規制廃止に向けて必要となる環境整備方策等について」、翌1999（平成11）年4月9日に「乗合バスの活性化と発展を目指して―乗合バスの需給調整規制廃止に向けて必要となる環境整備方策等について―」（以下、乗合バスに関する答申と略称）、「タクシーの活性化と発展を目

---

6) 規制緩和をめぐる政府、行政改革委員会の主な動きは
　　1994（平成6）年12月19日　行政改革委員会の設置
　　1995（平成7）年3月31日　政府「規制緩和推進計画」閣議決定
　　1995（平成7）年12月14日　行政改革委員会「規制緩和の推進に関する意見」ととりまとめ
　　1996（平成8）年3月29日　政府「規制緩和推進計画の改定について」閣議決定
　　1996（平成8）年12月16日　行政改革委員会「規制緩和推進に関する意見」（第2次）とりまとめ
　　1997（平成9）年3月28日　政府「規制緩和計画の再改定について」閣議決定
　　であった。

表6-1　行政改革委員会によるバス・タクシー事業の規制緩和の内容

タクシー	需給調整規制	○需給調整基準を段階的に緩和し、将来的に廃止
		○運転者の資格要件の整備、事業者の資質の確保・向上のための具体的方策の整備
	運賃規制	○当面はゾーン制、将来的には上限価格制へ移行
	その他	○事業区域数をほぼ半減、最低保有車両数を最大10両に縮減
貸切バス	需給調整規制	○廃止
		○安全問題は質的規制により対応
	運賃規制	○需給調整規制廃止に併せて届出制へ移行
	その他	○事業区域を都府県単位に統合、最低保有車両数を最大5両に縮減
乗合バス	需給調整規制	○廃止
		○需給調整規制の廃止、退出の自由、生活路線の維持方策の確立をパッケージとして推進。
		前提となる生活路線の維持方策を速やかに検討。

指して―タクシーの需給調整規制廃止に向けて必要となる環境整備方策等について―」の答申を行った[7]。

3-2　乗合バスに関する運政審答申の骨格

　運政審自動車交通部会の乗合バスに関する答申は、「乗合バスの現況と今後のあり方」、「生活交通の確保方策」、「需給調整規制の廃止後における制度等のあり方」を柱としている。

　生活交通（運政審総合部会では、生活交通を「地域における真に住民の日常生活に必要不可欠な交通」と定義）の確保についての基本的方向として、同答申は

　　「生活交通の確保については、これまでの需給調整規制を背景とした制度的な内部補助を前提としない新たな仕組みをつくることが必要である。その際、地方公共団体は地域の生活の足の確保や地域のまちづくりの観点から、国はナショナルミニマムの観点からそれぞれ責任を有するものであり、全体的な制度的

---

[7]　自動車交通部会の一連の答申は　杉山雅洋・山内弘隆・山本雄二郎監修『規制緩和時代のバス＆タクシー―サービス産業としての交通事業の構築に向けて―』（2002年10月、（株）地域科学研究会）に関連文献とともに所収されている。

枠組みの下にそれぞれの立場に基づいて必要な方策を適切に分担・調整して講じていくこととすること、また、今後、地方分権を推進していくという政府の方針に留意しつつ、地方公共団体がより主体的に関与していくことが適当である。」

と綴っている。自動車交通部会長、バス小委員会委員長をつとめた岡野はこの趣旨に賛成との見解を確認している。[10] 地方の生活交通の問題は、各ケースの地域的・社会的環境の差異によって具体的な解決策に差異が生じるので、①どのような交通手段をどのように使って地域の足を確保するか、②より効率的でかつ地域住民の社会厚生を増大させるような補助制度を確立すべきか、との考え方からである。

①に関しては、いかにして地域の足を確保するかであって、従来の伝統的なバス交通は、他の交通手段とともに足を確保する選択肢のひとつに過ぎないことを認識すべきであるとしている。岡野が晩年に主張した conventional wisdom―世間一般に受け入れられている慣習的（因習的）な考え方―からの脱却の必要性 [13] でもある。この場合は、バスが不可欠な唯一の交通手段との前提からの解放である。また、②の補助制度では、すでに半世紀近く前に綴った第2章の巻末文献 [2] で、「過疎地域における交通の確保に、所得再分配を考慮するにしても、内部補助以外の方法、たとえば直接の補助金によるべきである。」、「所得再分配を考慮するならば、過疎地域の交通―必ずしも単なる既存の交通手段の維持ではなく、それぞれの地域の特性に応じた交通体系―を確立するため地方、国等が補助金を給付すべきであり、内部補助によるべきではない。」と主張していることに合致している。この主張は国鉄改革時での三島基金の提唱にも繋がっていくものでもある。

答申の生活交通の確保方策では、この基本的方向の下に、公的補助のあり方として、「これまでの内部補助を前提とした事業者ごとの欠損補助ではなく、たとえば生活交通として確保すべきものに必要な費用を補填する運行委託的な補助を行うよう制度を見直すことが適当であり、入札制に応じた仕組みを含む適切な方法について検討を行うことが適切である。」とされており、そこでの補助制度は英国で導入された補助金の入札制度が明示的に意識され

たものである。その他の制度のあり方では、都道府県が主体、都道府県・関係市町村・事業者・運輸省を主たるメンバーとする地域協議会の設立、協議が提唱されている。地域協議会は事業者の経営判断を尊重し、事業者の退出の自由を認めているのが特徴となっている。

需給調整規制廃止後における制度のあり方では、「参入・退出のあり方」、「運賃制度のあり方」、「輸送の安全の確保のあり方」、「利用者保護のための措置」、「公正な競争のあり方」、「事後チェックの充実」、「バス利用促進のための環境整備」、「制度の円滑な移行」の8項目が述べられているが、ここでは重要と思われる参入・退出、運賃制度、バス利用促進等のための環境整備の3項目を紹介しておこう。

参入・退出制度では、基本的方向として参入は免許制から許可制へ、退出は事前届出制としている。答申の審議過程で大きな論点となった特定時間帯のみへの参入、いわゆるクリームスキミングに対しては、「利用者の利便を確保する観点から必要度の高い場合には、行政が一定の関与を行うことを検討することが適当である。」として、クリームスキミングの実行をそのまま認めたわけではなかった。また、公営事業者と民営事業者を法律上の扱いで差異を設けるべきではないとしているが、これは運賃規制の緩和からも論理的なものである。公営事業者には運賃規制をとおしての所得の再分配が要請されてきたからである。

運賃制度のあり方では、できる限り事業者の自主性や創意工夫が尊重される制度とすること、運賃の上限の規制や不当に差別的な運賃設定を規制することが適当とされているが、「不当」とは何をもって判断すべきかが問われることにもなる。

市場機構が機能し得ない面への補完措置として、バス利用促進等のための整備では、「需給調整規制の廃止とともに、オムニバスタウンやバス利用促進のための交通システムの整備に対する支援、バス専用レーンや都市新バスシステムをはじめバスの走行環境を改善するための施策を関係省庁や地方公共団体との密接な連携を図りながら推進していくことが必要である。」とされている。それらをいかに実行するのかがバス事業の活性化の鍵を握るので

ある。

3-3　乗合バスサービスの維持

　岡野はバス輸送量の減少の要因として、地方の人口減少、大都市の代替的な輸送手段（地下鉄等）の整備、全国的な自家用車の普及、バスのコスト上昇に随伴する運賃の上昇、の4つを挙げている。[10]　地方から大都市への人口移動の要因を別とすると、代替的輸送手段、自家用車の普及の問題は交通のDIY（do-it-yourself）の拡大で、バス離れの要因ではあるものの、必要条件ではあっても十分条件ではなかったとする。バス離れの大きな要因は、バス運賃の上昇と道路混雑に基づく走行速度の低下、運行時刻の乱れであったとするのである。バス事業の経営悪化には、事業者の経営能力も経営成績に影響を与える重要な要因であると指摘する。

　既存のバス交通市場、制度を多角的に吟味した上で、岡野は今後もこれまでのように、①路線廃止についての規制、②現行の地方バス路線補助制度（運輸省）の2つを柱にした仕組みに依存して地域の生活交通を確保することは困難であるだけでなく、望ましいとはいえないと主張する。[10]　自らが委員長として中心的な役割を演じて作成した乗合バス事業の答申と関連させて、生活交通の確保、改善の処方箋として次の3点を自らの考え方として示している。第1点は交通手段の選択・組み合わせについてであり、需要が極端に少ない路線では、ミニバスや8人乗りの乗用車の活用、自家用車の「公共的」利用もあり得るというものである。第2点は公的補助制度の改善で、縦割りの補助制度の非効率の除去である。文部省所管のスクールバス、厚生省所管の福祉バスに対する補助はいずれも車両購入費の部分補助であり、補助を受けて購入したバスの使用目的が限定されていることの除去、改善が必要であるとの指摘である。また、欠損補助を受けるバス事業者に、より良い輸送サービスを提供しようというインセンティブを刺激するための方策には、補助金の入札制度の導入であり、これにより効率の良い事業者が適切な補助金で路線維持を行うことが期待されるというものである。第3点は地域協議会とその役割である。答申で示された地域協議会の仕組みは図6-1に

図6-1 生活交通確保のための取組み

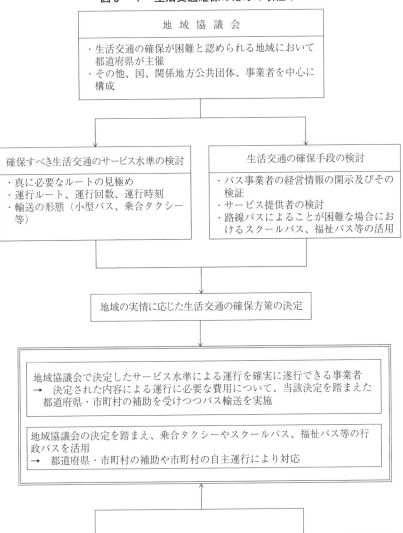

示すとおりのものであるが、どのような補助制度が有効か、現行のバス路線・ルートは最適かどうか、住民の費用負担をどうするかなど、行政と住民の合意形成を図るように地域協議会を活用することに大きな期待をかけたのである。

答申の受け止め方について、「大都市と人口希薄地域の乗合バスの市場環境は異なるし、需給調整規制の廃止がもたらす問題も異なるけれども、今日までこの規制がもたらしてきたデメリット—バス事業者の消極経営とバス離れ—を改善する機会が与えられたと前向きに受け止めるべきであろう。」と結んでいるのである。[10]

4　宅配便の運賃規制

4-1　小口貨物＝「ゴミ」貨物論と宅配便

昨今ではわれわれの日常生活に不可欠な存在ともなっている宅配便であるが（2012（平成24）年度の取扱個数は35億2,600万個）、かつては個人が利用する小口貨物は、鉄道（国鉄）の手小荷物、郵便小包として扱われてきた。しかし、その当時のサービスは利用者にとっては決して便利といえるものではなかった。

今日、多くの人に身近に利用されている宅配便は、利用者の不満を解消するためのサービスとして、1974（昭和49）年10月に三八五（みやご）貨物自動車運送が「グリーン宅配便」を始めたのが最初であるが、実質的にはその2年後の1976（昭和51）年1月に大和運輸（現、ヤマト運輸）が関東地区でサービスを開始した宅急便が嚆矢といえよう。いうまでもなく、宅配便の中での宅急便はヤマト運輸の商標名である。

宅配便事業は路線トラック事業（一般路線貨物自動車運送事業）に位置付けられており、参入規制・運賃規制は路線トラック事業に準拠していた。路線トラック事業者は、とりわけ高度経済成長期には大口貨物の輸送を優先していた。多数の小口貨物を手間を掛けて集めるより、少数の荷主のロットの大きい貨物の方が作業効率もよく、利益が大きかったからである。当時、家庭

や小売業から1個、2個と出される小口貨物は「ゴミ」貨物と呼ばれ、路線トラック事業者からは敬遠されていた。路線トラックの運賃制度では事業採算上割が合わないとの経営判断がこのようにいわせたためである。このような中で、昭和40年代後半（末）に宅配サービスが登場し、利用者に歓迎されるようになったのはなぜであろうかが問われよう。

4-2　宅配便成長の要因

　交通研究の第一人者で、物流研究にも造詣の深い岡田清教授は宅配便急成長の要因として、需要側では、「軽薄短小」時代を反映した輸送需要の構造変化、流通革命に伴う消費財流通の変化、供給側では、比較的手頃な、分かりやすい運賃（価格体系）で、翌日配達とか2日目配達（明確なサービス水準）により、家庭まで配達する（優れたサービス水準）ということを挙げている[8]。これに対し、岡田教授と研究交流の深かった岡野はほぼ同意見としながらも、宅配便が昭和40年代には成長せず、第1次エネルギー危機後になって発展したことの解釈には見解を異にしている。岡田教授は、昭和40年代には宅配市場は供給条件が整わない状況にあったため、市場開拓が行われなかったことへの解釈として、宅配市場以外に成長性の高い有利な市場があり、宅配市場以外の分野が急成長していたこと、規制価格が低水準であったため、またそれに対応する供給条件を構築することができなかったこと、の2つに求めている。これに対して、岡野は昭和40年代後半の最低運賃引き上げ後、なぜ従来型の集配・積み合わせを行う路線トラックの輸送サービスではなく、宅配便が登場したのかについての説明が不明であるとしている。

　岡野の基本認識は、利用者は郵便小包サービスに不満をもっていたが、その不満は集荷サービスがない、送達日数が遅く不安定、荷痛みが多い、容量・容積の制限や荷姿や包装などの制限がきつい等の点で他の送達方法と比べて劣るというものであった。利用者はこれらの不満を解消するサービスを求めていたのであって、もともと質の高いサービスの需要は存在していた、

---

[8]　岡田清「宅配便輸送の特色とその運賃問題」、『高速道路と自動車』（1984年2月号）

需要側の求めているサービスが供給されなかったに過ぎない、とみるのである。岡野の見解は、路線トラックの運賃規制に問題があったこと、したがって運賃規制がなかったならば、小口貨物の輸送サービスは「ゴミ」とはならなかったであろうし、その後の（今日のような）宅配便よりは質が劣っていても、（今日の）宅配便に近いサービスがもっと早くから供給されたのではないかというものである。宅急便の創始者である小倉昌男社長（当時）も昭和40年代後半の時点で、重量・輸送距離に基づく路線運賃に代わる小口貨物での個建て運賃を示唆していたのである。小倉社長は宅配サービスへの潜在需要を自ら確認していたのである[9]。だからこそ、次項で触れるPサイズの申請になったといえよう。

4－3　1983（昭和58）年の運賃認可

　路線トラック事業の一形態とされていた宅配便であるが、1982（昭和57）年7月の臨調第3次答申[10]、同年11月の行政管理庁の勧告、1983（昭和58）年3月の臨調最終答申を経て、運輸省は宅配便の独自性を認めざるを得ない状況となり、1983（昭和58）年7月に宅配便固有の運賃制度である「宅配便運賃認可基準」を設定した。路線トラックの運賃制度で口建て制、幅運賃制、距離比例制とされているのに対し、宅配便のそれでは個建て制、確定額制、地帯制とされた。1987（昭和62）年6月には、一定数量以上の輸送を行う場合の数量割引制度も導入された。

　ここで従来から使われてきた用語を確認する意味で、貨物自動車運送事業の分類についての概要を簡単に振り返っておこう。終戦直後の貨物自動車運送事業では、積合せ事業、区域事業と分類されていたものが、1951（昭和

---

9)　小倉昌男『小倉昌男　経営学』（1999年10月、日経BP社）
　　中田信哉『小倉昌男さんのマーケッティング力』（2013年6月、白桃書房）
10)　臨調の第3次答申の「第3部　改革の手順と今後の検討課題」の中での「許認可制度、補助金制度の改善合理化」の項で、「許認可や補助金については、……絶えず社会・経済情勢等の変化に適合するものとする必要があり、……、行政事務の合理化、自立・自助の原則に立った民間及び地方公共団体の活力の発揮等の観点からも、整理合理化をする必要がある。」と綴られている。

26）年6月の改正道路運送法でそれぞれ路線事業、区域事業に改められた。そこでは、路線事業は「一定の路線により自動車を使用して貨物を運送する事業」、区域事業は「一定の事業内において、路線を定めないで、自動車を使用して貨物を運送する事業」とされたが、路線区域における積合せ事項について定められていなかった。路線事業の定義が明確にされたのは1953（昭和28）年の改正道路運送法で、その後、今日の一般貨物自動車運送事業では路線事業、区域事業は一本化され、発着区域を問わず、貸切、積合せのいずれもが認められている。なお、旧路線事業に相当する特別積合せ貨物運送事業は、トラックターミナルの設置、運行・集配車両の所有、幹線輸送ルートの提示、貨物追跡管理体制を整備の上、事業計画を申請して、国交省の許可を受けるという事業形態となっている。

　1982（昭和57）年の路線運賃改定時に、ヤマト運輸は2kg以下のPサイズの導入を含む「個建て運賃」を申請した。路線トラックの幅運賃（基準運賃の上下10％幅内での自由運賃）を使って、宅配運賃はSサイズ（10kgまで）とMサイズ（20kg）の二本立てであったが、Sサイズより小さい需要が多いはずだとの判断から、その新設を申請した。運輸省の認可が下りないことから、ヤマト運輸は1983（昭和58）年5月17日にPサイズの導入は運輸省の認可が下りないため延期せざるを得ないとの新聞での一面広告で対抗した。結果として、運輸省による同年7月6日申請認可の方針の発表、8月15日に新制度の開始となった。紆余曲折を経て、これによって宅配サービスは実質上路線事業サービス、区域事業サービスと並んで独立の事業サービスとしてようやく認知されることになったのである。

　1983（昭和53）年7月の宅配便の運賃認可に関して、岡田教授が認可基準としてワイダー・バンド制（一定の枠内での自由設定）を採用したことに関連して、運賃規制の必要性を主張したのに対し、岡野は見解を異にしている。岡田教授の主張の論拠は、宅配便事業者が「重量ランク別に異なった市場を対象にして"結合生産（joint production）"を行っている」、「商品貨物と家庭貨物の結合生産的輸送市場」の性質によるものであるが、岡野は宅配便サービスは結合生産ではないとする。

貨物輸送運賃に関して展開された19世紀末から20世紀初頭にかけての古典的なタウシッグ＝ピグー論争を引き合いに出し、岡田教授をタウシッグ（結合生産説）、岡野をピグー（非結合生産説）に置き換えた場面をも提示している。岡野の解釈は「ある事業所が一度に大量のＬサイズの貨物を出せば、1台の車はＬサイズの貨物だけを運ぶであろう。羊肉と羊皮、石油製品の重油、軽油、ガソリン、1台のトラックの上りと下りの如く、複数の財・サービスが、それぞれの需要の有無大小とは無関係に、技術的な理由で同時に生産される場合が結合生産である。その特徴は、結合生産される財・サービスのどれか一つの生産量をゼロにして他の財・サービスの生産をすることが技術的に不可能であることである。宅配便は、商品貨物あるいは家庭貨物だけを運ぶことができるし、各サイズの貨物の組み合わせを、どれかをゼロにすることも含めて、自由に変えて運ぶことができる。したがって、宅配便は、集配とターミナル間についての上り・下りに当たる輸送の部分を除くと、結合生産ではないのであるから、結合生産を根拠に運賃規制の必要性を主張することはできない。」というものである。タウシッグがピグーの批判に反論し、最後まで自説を改めることがなかったように、タウシッグ＝ピグー論争にも各種の評価がある[11]。岡田教授も「結合生産」と「結合生産的」という2つの表現を用いているし、岡野自身も自説を展開した［3］を「コミュニケーション」というカテゴリーで綴っている。更なる議論を期待してのことであったものと推察される。もはや、この点に関する岡田＝岡野論争が伺えないのが残念である。

　運賃規制の是非に関して、岡野は宅配便市場において強圧的価格設定（predatory pricing）が重大な問題となるとはしなかった。競合相手のサービス、コストとの対比で宅配便（その事業者は複数）が選択されているからで

11）　鉄道運賃について米国のタウシッグは結合生産説を、英国のピグーは鉄道業は同質の商品を生産して異なる買い手に販売するので結合生産の原理は適用できないとするものである。その見解の概要の一部は　交通学説史研究会編『交通学説史の研究（そのⅢ）』（1988年3月　運輸経済研究センター）の第2部第4章を参照されたい。

あり、新規参入の阻止、競争相手を打ち負かして市場から駆逐した上での独占価格での高利潤の獲得を意図する強圧的価格設定のインセンティブは生じない筈であるとして、届出・公示を条件としたうえで宅配便の運賃を自由化しても問題ないと考えたのである。

岡野の指摘は1990（平成2）年に施行された「物流二法」（「貨物自動車運送事業法」と「貨物自動車運送取扱事業法」）に少なからず影響を与えたといってよいであろう。なお、「物流二法」は運輸分野での最初の規制緩和法ともいわれ、新規参入促進、運賃設定の自由化、路線事業と区域事業の一本化を特徴としたものである。

5　タクシーの同一地域同一運賃制度のあり方

5-1　同一地域同一運賃制度の論理

先に眺めたように、宅配便も多重運賃となり、利用者の選択に委ねるようになった中でも、タクシーは運賃競争を認めない同一地域同一運賃制度であり、岡野はこれに対しても、論理整合性がなく、「メーター制運賃を前提に届出による運賃登録制度を採用して多様化すること」を提案した。[5]

タクシーの同一地域同一運賃制度に法的異論の契機を与えたのは、1985（昭和60）年1月31日に大阪地裁が京都のMKタクシーの運賃値下げ申請却下処分の取り消し判決を下したことであった。値下げ申請が認められることで、同一地域同一運賃制度が崩れ、これまでの状況が大きく変わり得る可能性が示唆されたのである。

運輸省が同一地域同一運賃の原則を行政方針として固執する理由を、岡野は次の5点だとする。すなわち

① タクシー事業の特殊性から、運賃に競争原理を導入すれば、事業の不当競争を招き、事業の適正かつ安全な運営が阻害されることとなり、ひいてはタクシーサービスの低下を招く。
② 同一運賃ブロック内では、コストの差が事業者間でさほど大きくないので、同一地域同一運賃によれば、各事業者に統一的な適正利潤がもたらされ、事

業者間の不当な競争の防止、タクシー労働者の労働条件が安定かつ均一的な改善への寄与をもたらす。
③同一地域で異なる複数のタクシー運賃を認めると、利用者のタクシー選択での混乱、利用者の奪い合いなどが危惧される。
④タクシーサービスの特殊性（即時財、需要の地域的・時間的変動等）から、地域的かつ時間的に独占性を有することが多く、利用者保護の観点から定額的かつ明確な運賃体系が要請される。流しタクシーの場合には、利用者はタクシー選択に制約を受けるため、運賃の差による自由競争原理が適正に作用しにくい。異なる運賃では、運転者と利用者の間に無用の混乱を起こしかねない。
⑤運賃体系が初乗運賃、加算距離による運賃、諸割増等から成っているので、多重運賃になればこれらを分かりやすく公に明示することは困難であり、利用者の混乱は避けられない。

という整理である。その上で同一地域同一運賃制度の堅持を求めるタクシー業界団体は、主として上記①、タクシー労組は②を理由としているとする。

同一地域同一運賃制度が不採用となれば、事業の適正・安全な経営の阻害となるのであろうか。同制度を正当化する論理を整理すれば、次のようになる。図6－2を用いてその流れを辿ってみよう。同制度の不採用は運賃値下げ競争、不要な競争を招き、多重運賃、客の奪い合いが生ずる。多重運賃は利用者の間に混乱を生じさせ、客の奪い合いは事業者間の混乱をもたらす。運賃値下げ競争、不当な競争は輸送秩序の混乱、収益性の悪化となる。このことで、事業の適正・安全な運営が阻害されるだけでなく、人件費の圧迫による労働条件の低下を余儀なくさせ、良質な運転手の確保が困難になることの2つにより、サービスレベルと安全性の低下を生じさせる。結果として、一方では利用者・事業者の混乱が、他方ではサービス・安全性の低下の双方により、事業の適正・安全な運営が阻害されるというのが、同一地域同一運賃制度の正当化の論理の大筋と把握される。[5]

しかし、この論理は果たして説得力を持つのかが問われる。タクシー事業の特性として持ち出される輸送サービスの即時財の性格、需要発生の地域的・時間的変動、高度の労働集約性、中小零細企業の多さは、同一地域同一運賃制度を必要不可欠にする決定的な論拠を与えるものではない、というの

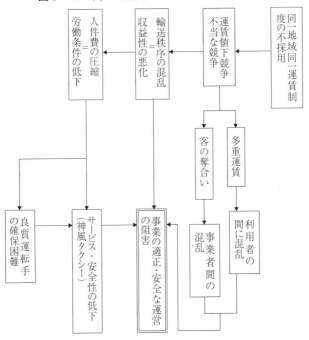

図6-2　同一地域同一運賃制度の主張の論理

出典：岡野[5]

が岡野の考え方である。岡野自身も納得できない、一般には通用しない業界の事情での論理は正当化され得ないとするのである。運賃競争がサービス・安全性の低下につながるとする論理自体も、競争が激しくなれば、サービス・安全性を一段と向上させて他社との競争に勝たねばならない筈であることから正当化され得ないとしている。[5]

5-2　届出運賃登録制度の提案

運賃制度の多様化の観点から、大都市の事業区域の拡大など事業区域の再編成を行うとともに、最高運賃だけを料金メーターを使用しさえすれば足りるという見解から、本節の冒頭に示した届出運賃登録制度の提案を岡野は行っている。

岡野はここでも英国流の参入規制（quantity licensing）と安全規制（quality

licensing) を峻別したものの導入を主張している。純粋に安全面の観点から、車両や労働時間に規制を設け、これを独立に厳しく監督すれば、労働条件の低下を防ぐことができ、運賃競争が安全性を低下させるなどという主張は姿を消すであろうとしている。その際、適切な安全水準を確保する安全規制のゆえにコストがかかり競争下でも運賃が上がるのであれば利用者はこれを受け入れなければならないことへの留意点も明記している。業界はこの上昇分は自らの負担とならざるを得ないとの主張を繰り返すが、利用者に応分の負担を求めることへの工夫こそを凝らすべきではなかろうか。タクシーの規制緩和、競争促進を通じて、タクシー業界の活性化が必要であるとするのである。

先の運政審自動車部会の答申では、参入は免許制から許可制に、運賃は上限規制、不当な差別的取り扱いの防止が提唱され、バスとともに需給調整の原則廃止と価格規制の緩和となったにもかかわらず、その後現実の世界では再規制の方向にある。

2002（平成14）年の改正道路運送法で需給調整が廃止された後、新規参入が続いたことから、既存事業者からはこれは自由化の行きすぎによる弊害だとの声が上がり、行政は2009（平成21）年10月に「特定地域における一般乗用自動車運送事業の適正化及び活性化に関する特別措置法」で規制強化に転じた。それでも同法には強制力がないため、弊害は是正されないとして、2013（平成25）年秋には議員立法で再規制強化の改正特措法が成立した。2014（平成26）年1月27日施行の「特定地域・準特定地域タクシー事業適正化・活性化特別措置法（改正タクシー特措法）」での特徴は、供給削減非協力事業者や公定幅下限運賃割れに対し、国交省が勧告・変更命令、許可取り消しを含む行政処分の強制力を持つことである。これに対し、大阪地裁、福岡地裁は国は介入を慎むべきとし（それぞれ5月23日、28日）、政府の規制改革会議（議長、岡素之住友商事相談役）の作業部会も6月9日に「裁量権の逸脱は明らか」と指摘した。なお、「特定地域」とは国がタクシー1台当たり収入や走行距離が大幅に減少していると判断する地域とされているが、この指定基準は2014年夏に先送りされたことからも、今後の動向が注目される[12]。

岡野のおよそ30年前での指摘に照らして、改めて検討する必要はないのであろうか。

　[第6章で主として用いた岡野論文等]
　[1]「民業と官業」、『高速道路と自動車』（1982年6月号）
　[2]「規制緩和の意味と背景」、『高速道路と自動車』（1983年10月号）
　[3]「宅配便輸送と規制―宅配便についてのもう一つの見解―」、『高速道路と自動車』（1984年7月号）
　[4]「規制政策のパラドックス―規制の意図と結果―」、『交通学研究／1984年研究年報』（1985年3月）
　[5]「同一地域同一運賃制度は必要か―タクシーの運賃値下申請却下処分取消請求事件判決に寄せて―」、『公正取引』（1985年4月号）
　[6]「何が規制緩和の起爆剤になるか」、『中央公論』
　[7]「規制緩和と社会的厚生」、『公正取引』（1996年1月号）
　[8]「道路整備と地方分権・民営化」、『道路建設』（2010年5月号）
　[9]「歴史と経済政策―政府規制の評価―」、『創価経済論集』（Vol. XXVII, No. 1〜2）（1998年6月）
　[10]「地域公共交通の維持―需給調整規制廃止を控えて―」、『地域政策研究』（第9号）（1999年12月）
　[11]「Meaningful Theoremと実証分析」、『運輸と経済』（2001年11月号）
　[12]「市場と政府―改めて役割を考える―」、『道路建設』（2004年11月号）
　[13]「CONVENTIONAL WISDOMからの脱却」、『高速道路と自動車』（2011年1月号）

---

12) 本書の脱稿直前、大阪高裁が公定幅運賃制度（都市部を中心とした地域に設定された運賃幅に従わない事業者に運賃変更の勧告、車両の使用禁止や事業許可を取り消しできる制度）に対し、行政の裁量権の逸脱との判断を行ったことが伝えられた（2015（平成27）年1月7日）。運賃変更命令などの行政処分をしないように求めたエムケイ等の事業者の仮処分申請を認め、これを認めた一審・大阪地裁決定を支持、国側の即時抗告を棄却した。最高裁判決の動向が注目される。

終　章

　第2次世界大戦後のわが国の主要な陸上交通政策（論議）につき、その概要とこれらへの岡野行秀教授の意見の開陳・主張・評価等をベースに綴ってきた。その前提として留意したのが、第2章で論じた総合交通体系論からはすでに40年余の歳月が経過している上に、第3章での国鉄改革からですら四半世紀以上が流れていることから、若い世代の研究者には当時の政策論議を知る機会が実際に少なくなっているであろうことへの対応である。もしその時々の状況把握が年代的・資料的な問題から十分に行われ難いままだとするのであれば、今後の論理的な交通政策研究に大きな禍根を残すことにもなりかねない。戦後のわが国での交通の変遷を語る上で欠かすことのできない代表的な政策について、その背景の状況把握への可能な限りの整理を試み、岡野教授が積極的に展開した交通政策論議をひとつに集め、文献として残しておくことは、研究の継続性からも杉山の世代に課せられた重要な責務であるとの判断から本書は出発した。

　岡野教授は経済学者として、自らの政策論の基軸を資源配分の効率性、経済厚生の向上、市場原理の可能な限りの活用に置いてきた。また、理論に基づく推論の必要性とそれが現実遊離になってはならないことの大切さを終始説いてきた。

　第1章では、戦後の交通機関を取り巻く荒廃状況を辿り、戦災復興に向けた主要な政策をモード別に概観した。そこでは第2章以下では扱われることのない主要な航空政策、海運政策の動向も若干なりとも振り返った。

　第2章では、その定義が明確とはいえなかった総合交通体系論を取り上げ、なぜこれが論じられるようになったのか、主要な論点の論理整合性はどうであったのかを検討した。とりわけ運輸政策審議会のいわゆる「46答申」につき、政策の意図が市場原理の活用なのか、政府の市場介入なのかを論じた。前者とする政策当局と後者であるがゆえに問題だとする岡野教授の捉え

方は大きく異なった。そこには教授が大学院時代に留学した米国のみならず、英国での研究体験の影響が強く読み取れるのである。今日でも政策論議にしばしば持ち出されるイコール・フッティング論に論理的考察を行ったことも、第2章での特色のひとつである。

第3章では、諸外国の鉄道政策にも大きな影響を与えることになった国鉄改革を岡野教授は肯定的に捉えた。国鉄経営を拘束していた諸規制を取り払い、市場競争を行い得る条件整備こそが大切だと説いた。改革論議そのものを論ずるとともに、改革後の評価、課題についても独自の切り口からのものが示された。

第2章、第3章が鉄道を主とした課題を論じたのに対し、道路交通分野に焦点を当てた第4章、第5章では、わが国道路政策の二本柱をめぐる論議を扱った。第4章の道路関係四公団改革では、これを推進すべく設置された民営化推進委員会での議論・提言に対して、第5章では、道路特定財源の一般財源化への政策変更に対して、岡野教授は議論のプロセスに疑問を唱え、当該結論に反対の論陣を張った。

昨今の規制緩和の論拠とされるコンテスタビリティ理論の登場する以前から、規制緩和、可能な限りの市場機構の活用を説いてきた岡野教授の規制緩和政策論を第6章で扱った。そこでは教授が具体的に関与・提言した事例として乗合バス事業の規制緩和、宅配便の運賃規制、タクシー事業の同一地域同一運賃制度が取り上げられた。資源配分の効率性、経済厚生の向上をもたらすための規制緩和政策に関する岡野説の展開が示されている。

このような論旨の流れの中で、場合によっては、岡野教授は国鉄改革を支持したのに対して、なぜ道路関係四公団改革には反対だったのか、規制緩和の主張、市場機構の活用を説いたのに、目的拘束のある道路特定財源制度の一般財源化を是としなかったのはなぜかといった点で素朴な疑問を挟む読者もいない訳ではないかもしれない。しかし、すでに各章でも説明してきたつもりではあるが、何より岡野教授の研究の基本スタンスに照らせば、そこにはいささかの矛盾もないことを改めて明言しておきたい。

総合交通体系論では市場競争を通しての輸送機関分担率の決定が望まし

い、国鉄改革では鉄道特性を発揮させるように、したがって市場競争が機能し得るように市場介入を除去すべきである、道路関係四公団改革論議では少なからざる事実認識の誤りを指摘し、道路の本来果たすべき役割から改革はより良い市場成果をもたらさない、道路特定財源を構成する諸税は擬似的価格の機能を果たすものであるからこそ市場原理に適うものであるという点で一貫しているのである。その際、岡野教授の観察した交通市場はいわば「管理された」市場であることから、教科書通りの単純化された市場競争論を説いたのではなく、また、資源配分の効率性、経済厚生の向上が現実にもたらされなければ意味がないのであって、それらを取り巻く状況について客観的かつ正確に観察すべきであり、そこにいささかなりとも事実認識に誤解があってはならないことを強く警告してきた。これらの論理性、現実認識こそが岡野政策論の大きな特徴となっているのである。

岡野教授の主張を本書で行ったような構成で個々の政策論毎にまとめるのではなく、教授の研究上の基本的スタンスを軸として整理すれば、その論理性は一層明確になるものと考えられる。たとえば、第2章の総合交通体系論と第3章の国鉄改革論を通して、ないしはひとつのテーマとして扱うといった方式も一案である。その試みは後続世代の課題でもあろう。

本書は岡野教授自身の構想にしたがってまとめたものであり、ここで取り上げたものは教授が長年行ってきた研究成果の一部に過ぎない。巻末に示す岡野教授の膨大な業績の真髄は、金本良嗣教授が誌面の制約上から手短に綴らざるを得なかったにもかかわらず、そこでの論考[1]に端的に尽くされているので、同稿に委ねたい。

本書では触れる余地のなかった岡野教授の研究分野について、若干の紹介をすれば、教授の交通研究の出発点としての運賃・料金論を厳密な経済理論の上に立って現実への適用可能性を示した先駆的研究から、とかく曖昧にされがちな交通の公共性論を明快に整理したこと、昭和40年代に社会的に大きな関心事ともなった「自動車の社会的費用」論を、「自動車交通の社会的費

---

1) 金本良嗣「岡野行秀先生の業績」、『運輸と経済』(2014年10月号)

用」論として体系的に再構築したこと[2]等、枚挙にいとまがないほどである。

　本書を岡野教授の意向に沿うように作成すべく最大限留意したつもりではあるが―それとて教授の該当著作を網羅的に紹介している訳ではない―、もし教授の意図した「……類書とは異なり、問題の分析および政策評価を行う研究者としてあるいは審議会等のメンバーとして、主要な交通政策の策定に直接・間接的に関与した私の経験とそこで得られた教訓を披歴する。」ものとはなっていないとすれば、もっぱら杉山の責任であり、岡野教授には何の非もないどころか、交通学会に多大の貢献をされた教授の功績を損うことにもなりかねず、改めてお詫びしなければならないことを再度断わっておきたい。

　最後に、岡野教授が本書の計画書の段階で綴った文章を示すことで締めとしたい。そこから、教授の本書に寄せる真意を読み取って欲しい、そして各自の研究に活用して欲しいと願う次第である。

　政策志向の経済学研究者として、社会の現実に目を向けない社会科学では話にならない。

　東大定年退官直前の最後の期末試験問題に対して「この問題は自由度が多いので解答できない」と答案に書いた学生がいて驚愕した。現実にわれわれが出くわす問題は解が一つしかないようなものはない。現実を観察してそこから仮説を作り、その仮説で現実の問題をうまく説明できるかを試す。よく説明できなければ、仮説を修正する。この繰り返しである。正解は一つしかない問題を解く「正解探し」の教育の欠陥がもろに発現したのが冒頭の私の

---

[2]　ここで指摘した研究分野での代表的な著作として
　　「道路サービスの価格形成と道路財源の問題――一つの厚生経済学的分析―（1）、（2）、（3完）」、『経済学論集』（1967年4月号、7月号、1968年1月号）
　　「「公衆」交通の「公共制」―「公共」交通と「私的」交通―」、『IATSS Review』（1980年9月号）
　　「『自動車交通の社会的費用』についての一見解」、『道路』（1975年2月号）
　　を挙げておく。

出題に対して「正解はない」と答えた学生である。経済問題に対して人の説明を聞くだけでなく、自分の頭で考える習慣が必要である。私はこのような習慣を Chicago 大学留学中に Milton Friedman から植えつけられた。

(文責：杉山雅洋)

岡野行秀教授著作目録

【著書・編著】

〔1〕『地域経済と交通』(交通調整と「次善」問題)、東京大学出版会、1971年2月（大塚久雄、小宮隆太郎両氏と共編著）。
〔2〕『市民生活と交通』(編著)、鹿島出版会、1973年2月。
〔3〕『公共経済学』、有斐閣、1973年（根岸隆氏と共編著）。
〔4〕『交通経済学講義』、青林書院新社、1976年1月（山田浩之氏と共編著）。
〔5〕『交通の経済学』(編著)、有斐閣、1977年12月。
〔6〕『陸運業界』、教育社、1978年12月。
〔7〕『現代自動車交通論』、東京大学出版会、1979年8月（今野源八郎氏と共編著）。
〔8〕『日本の公企業』、東京大学出版会、1983年4月（植草益氏と共編著）。
〔9〕『公共経済学の展開』、東洋経済新報社、1983年9月（根岸隆氏と共編著）。
〔10〕『交通と通信』、放送大学教育振興会、1987年3月（南部鶴彦氏との共著）。

【分担執筆】

〔1〕『日本の地域開発』(地域間流動分析)、日本地域開発センター編、東洋経済新報社、1965年。
〔2〕『地域開発の経済』「地域開発の政策モデル」(別冊)、筑摩書房、1967年。
〔3〕『交通経済論』、増井健一・佐竹義昌編、第9、10章、有斐閣、1969年9月。
〔4〕『土地政策研究委員会報告書』(第2部土地利用と地価)、pp. 147-190, 経済審議会土地政策研究委員会、1970年1月。
〔5〕『近代経済学（2）応用経済学』、大石泰彦・熊谷尚夫編、第6章、有斐閣、1970年3月。
〔6〕『財政学（3）日本の地方財政』、木下和夫・肥後和夫・大熊一郎編、第5章、有斐閣、1970年10月。
〔7〕『経済政策（2）日本の経済政策』、加藤寛・中村秀一郎・新野幸次郎編、第10章、有斐閣、1971年11月。
〔8〕『日本の土地問題』(第8章「環境」と市場機構)、東京大学出版会、1972年7月。
〔9〕『日本の財政』(第8章国鉄の財政問題)、東京大学出版会、1973年7月。
〔10〕『現代経済の課題1　公共経済学の展開』(開発利益の経済効果)、安場安吉・貝塚啓明編、日本経済新聞社、1973年8月。
〔11〕『現代経済の課題4　現代社会の企業』(モノ不足の経済学)、安場安吉・貝

塚啓明編、日本経済新聞社、1974年10月。
〔12〕『社会資本の経済学』（第9章）、有斐閣、1976年1月。
〔13〕『現代経済の分析1　転換期の経済政策』（補助金の経済分析）、今井賢一・新開陽一編、日本経済新聞社、1976年7月。
〔14〕『総合研究アメリカ5　経済生活』（第9章交通問題）、榊原胖夫編、研究社、1976年7月。
〔15〕『現代経済の分析2　企業と雇用問題』（内部相互補助の功罪）、今井賢一・新開陽一編、日本経済新聞社、1977年6月。
〔16〕『地方自治二十周年記念論文集』（「公共」料金編）、自治省編、1977年12月。
〔17〕G. C. Allen, *How Japan Competes: A Verdict on 'Dumping'*, "A Japanese Commentary", Institute of Economic Affairs, Hobart Paper81, 1978
〔18〕*Job 'Creation' -or 'Destruction ?'*, "The Conditions for Labour Productivity-Japan", Institute of Economic Affairs, IEA Readings20, Jointly with K. Okabe.
〔19〕『国土建設の将来展望』（社会資本整備と価格機構）、建設省編、1979年3月。
〔20〕『日本の航空輸送』（第2章航空輸送市場）、木村秀政・増井健一編、東洋経済新報社、1979年8月。
〔21〕*The Economics of Long-Distance Transportation*, T. S. Khachaturov & P. B. Goodwin (eds.) chap. 5, "Modal Split Efficiency and Public Policy", International Economic Association, Macmillan Co., 1983.
〔22〕『（財）地方自治協会設立十周年記念論文集Ⅳ』、第5章、（地方公営企業の料金と資源配分）、1983年3月。
〔23〕『都市問題の軌跡と展望』（都市交通問題）、東京市政調査会編、1988年1月。
〔24〕『交通学説史の研究（そのⅢ）』（第5章7節戦後における交通学の展開）、交通学説史研究会編、1988年3月。
〔25〕『道』（Ⅷ道路の経済—有料か無料か、Ⅹパネル討論）、東京大学公開講座48、1988年12月。
〔26〕『論争・道路特定財源』（道路特定財源を支持する）、中公新書ラクレ編集部編、中央公論新社、2001年10月。
〔27〕『よりよい有料道路制度のために—道路関係四公団改革に寄せて—』、藤井彌太郎氏・杉山雅洋との共同執筆、日本交通政策研究会、2002年11月。
〔28〕『道路特定財源制度の意義』、道路特定財源研究会での共同執筆、日本交通政策研究会、2006年12月（2005年11月、2006年4月補足）。
〔29〕『交通経済ハンドブック』（モータリゼーション、道路整備の財源手法）、日本交通学会編、白桃書房、2011年10月。

【論文】

〔1〕「道路建設計画評価の一方法—ティンバーゲンの所論とその検討—」『高速道路』、高速道路調査会、第1巻2号、1958年6月。

〔2〕「基幹産業の最適配分」『日本地域学会年報』、日本地域学会、第2巻、1963年、折下功氏・生田浩二氏との共同論文。

〔3〕「公企業の Pricing と Financing の一局面」『季刊理論経済学』、理論・計量経済学会、第14巻3号、1966年6月。

〔4〕「道路財源調達の問題」『高速道路と自動車』、高速道路調査会、第8巻11号、1965年11月。

〔5〕「限界費用価格形成原理の展望」『交通学研究年報』、日本交通学会、1966年。

〔6〕「公共料金問題への理論的アプローチ」『週刊東洋経済・近代経済学シリーズ』(臨時増刊)、1966年4月26日号。

〔7〕「道路サービスの料金：直接税と間接税—イギリスにおける研究を中心に—」『高速道路と自動車』、高速道路調査会、第9巻5号、1966年5月。

〔8〕「地域開発と投資効率」『経済評論』、日本評論社、1966年8月。

〔9〕「スピードと時間節約の経済学的考察」『自動車とその世界』、トヨタ自動車、1967年3月。

〔10〕「道路サービスの価格形成と道路財源の問題—一つの厚生経済学的分析—」『経済学論集』、東京大学経済学会、第33巻1号、2号、1967年、3号1968年。

〔11〕「道路の現状と将来—道路交通の効率化をめざして—」『運輸と経済』、運輸調査局、第27巻9号、1967年9月。

〔12〕「公共料金の望ましい方向」『週刊金融財政事情』、(社)金融財政事情研究会、1968年1月。

〔13〕「国鉄財政と定期旅客運賃」『運輸と経済』、運輸調査局、第28巻4号、1968年4月。

〔14〕「高速道路の効率的利用」『高速道路と自動車』、高速道路調査会、第11巻6号、1968年6月。

〔15〕「都市交通の基本問題—その経済的側面」『交通学研究年報』、日本交通学会、1968年。

〔16〕"Unbalanced Growth and Conflicts between Regions", *Papers*, XXII, Regional Science Association, Budapest Conference, 1968.

〔17〕「体系的な都市交通計画」『高速道路と自動車』、高速道路調査会、第12巻2号、1968年2月。

〔18〕「交通の経済学—運賃1-3」『運輸と経済』、運輸調査局、第29巻1号、

1969年1月、3号、1969年3月、4号、1969年4月。
〔19〕「道路交通とプライス・メカニズム―その導入と機能―」『道路』、日本道路協会、1969年4月号。
〔20〕「料金決定をめぐる若干の問題」『ビジネス・レビュー』、一橋大学産業経営研究所、第17巻2号、1969年10月。
〔21〕「交通調整における次善の問題―イコール・フッティング論をめぐって―」『経済学論集』、東京大学経済学会、第36巻2号、1970年7月。
〔22〕「公共料金と価格機構」『運輸と経済』、運輸調査局、第30巻8号、1970年8月。
〔23〕「道路整備の長期財源の確立のために」『高速道路と自動車』、高速道路調査会、第13巻9号、1970年9月。
〔24〕「陸運業論」『経営問題』、中央公論、1970年秋季特別号。
〔25〕「総合交通政策の基本的視点―競争と規制―」『交通学研究年報』、日本交通学会、1971年。
〔26〕「自動車新税の政治経済学」『週刊東洋経済』、1971年3月6日号。
〔27〕「都市と交通問題」『自治研修』、自治大学校、第130号、1971年6月。
〔28〕「交通料金問題」『月刊国民生活』、国民生活センター、第1巻4号、1971年7月。
〔29〕「有料道路の進むべき方向」『高速道路と自動車』、高速道路調査会、第14巻11号、1971年11月。
〔30〕「外部不経済と費用逓増への処方箋」『週刊東洋経済近代経済学シリーズ』（臨時増刊）、1972年3月10日号。
〔31〕「交通の「公共性」について」『中央公論』、1972年4月。
〔32〕「「公共財」の理論と道路」『高速道路と自動車』、高速道路調査会、第15巻10号、1972年10月。
〔33〕「鉄道と道路―交通体系における位置づけ―」『高速道路と自動車』、高速道路調査会、第15巻11号、1972年11月。
〔34〕「新五箇年計画の課題」『道路セミナー』、全国加除法令出版、1972年12月。
〔35〕「消費者と「物価問題」」『都市問題研究』、都市問題研究会、第25巻第3号、1973年。
〔36〕「望ましい運賃料金制度」『高速道路と自動車』、高速道路調査会、第16巻5号、1973年5月。
〔37〕「都市施設と受益者負担―ごみ処理を中心として―」『都市問題研究』、都市問題研究会、第25巻第8号、1973年8月。
〔38〕「最近における交通行政の課題」『月刊交通』、東京法令出版、1973年10月。
〔39〕「ゴミ処理のシステム分析序論」『地域学会研究』、第4巻、日本地域学会、

1973年年報。
〔40〕「道路税制の問題点」『高速道路と自動車』、高速道路調査会、第17巻4号、1974年4月。
〔41〕「公共経済学の対象—公共経済学その一—」『公営企業』、地方財務協会、第6巻1号、1974年4月。
〔42〕「公共部門の役割と政策手段—公共経済学その二—」『公営企業』、地方財務協会、第6巻2号、1974年5月。
〔43〕「道路計画の経済的評価」『高速道路と自動車』、高速道路調査会、第17巻6号、1974年6月。
〔44〕「公共部門によるサービスの供給—公共経済学その三—」『公営企業』、地方財務協会、第6巻3号、1974年6月。
〔45〕「「公共サービス」と公営企業—公共経済学その四—」『公営企業』、地方財務協会、第6巻4号、1974年7月。
〔46〕「公共サービスの最適供給—公共経済学その五—」『公営企業』、地方財務協会、第6巻5号、1974年8月。
〔47〕「公共サービスの最適供給と費用負担—公共経済学その六—」『公営企業』、地方財務協会、第6巻6号、1974年9月。
〔48〕「公営企業のサービス〈料金政策をめぐって〉—公共経済学その七—」『公営企業』、地方財務協会、第6巻7号、1974年10月。
〔49〕「公共経済学と経済政策—公共経済学その八—」『公営企業』、地方財務協会、第6巻8号、1974年11月。
〔50〕「航空輸送の役割とその評価—交通の「公共性」に関して—」(総合交通政策研究プロジェクト)『日交研シリーズ A-20』、日本交通政策研究会、1974年11月。
〔51〕「総合交通体系と自動車交通の規制」『運輸と経済』、運輸調査局、第34巻12号、1974年12月。
〔52〕「交通政策と国鉄」『交通学研究年報』、日本交通学会、1975年。
〔53〕「交通体系と「環境」問題—一つの常識的見解」『高速道路と自動車』、高速道路調査会、第18巻1号、1975年1月。
〔54〕「「自動車の社会的費用」についての一見解」『道路』、日本道路協会、1975年2月。
〔55〕「公営交通事業と経費負担のあり方」『公営企業』、地方財務協会、第7巻2号、1975年2月。
〔56〕「公営交通事業の独立採算性について—料金負担と財政補助—」『都市問題研究』、都市問題研究会、第27巻第11号、1975年11月。
〔57〕「運輸業における補助政策—効率性にかんする一考察—」『経済学論集』、東

京大学経済学会、第42巻1号、1976年4月。
〔58〕「料金と資源配分」『公営企業』、地方財務協会、第8巻3号、1976年6月。
〔59〕「自治体における「経営」理念について」『地方財務』、(株)ぎょうせい、第269号、1976年10月。
〔60〕「公営交通事業の公費負担—とくに運営費を中心として—」『都市問題研究』、都市問題研究会、第28巻第11号、1976年11月。
〔61〕「昭和五十年度地方公営企業決算を見て」『公営企業』、地方財務協会、第8巻9号、1976年12月。
〔62〕「大規模宅地開発と交通整備」『住宅金融月報』、住宅金融公庫、第296号、1976年9月。
〔63〕「地域交通のあり方について」『地方財政』、地方財務協会、第15巻10号、1976年10月。
〔64〕「環境保全と公共性」『法律の広場』、1977年1月
〔65〕「交通サービスは公共財か—赤字穴埋めの根拠としての公共財論—」『運輸と経済』、運輸調査局、第37巻1号、1977年1月。
〔66〕「国鉄貨物撤退論を考える」『高速道路と自動車』、高速道路調査会、第20巻6号、1977年6月。
〔67〕「わが国運輸行政の問題点」『季刊現代経済』、日本経済新聞社、第27号、1977年7月。
〔68〕「外国の運賃制度」『みんてつ』、(社)日本民営鉄道協会、第5号、1977年7月。
〔69〕「海外の交通と日本の交通—その共通点相違点—」『運輸と経済』、運輸調査局、第39巻1号、1979年1月。
〔70〕「交通の自由と制約—公衆交通と私的交通—」『自動車工業』、日本自動車工業会、第13巻11号、1979年11月。
〔71〕「許認可行政の役割と限界」『季刊行政管理研究』、(財)行政管理研究センター、第8号、1979年12月。
〔72〕「イギリスにおける自動車利用—自家用乗用車を中心に—」『季刊道路交通経済』、経済調査会、1980年1月。
〔73〕「英国交通の諸問題」『高速道路と自動車』、高速道路調査会、第23巻2号、1980年2月。
〔74〕「公共料金と公益事業」『国民生活』、国民生活センター、第10巻2号、1980年2月。
〔75〕「市場原理と交通政策—英国における鉄道政策—」『運輸と経済』、運輸調査局、第40巻3号、1980年3月。
〔76〕「「赤字」とcross-subsidization」『経済学論集』、東京大学経済学会、第46巻

1号、1980年4月。
〔77〕「合意と不信―道路特定財源をめぐって―」『高速道路と自動車』、高速道路調査会、第23巻5号、1980年5月。
〔78〕「都市交通政策と自治体の権限」『都市問題』、東京市政調査会編、第71巻7号、1980年7月。
〔79〕「「公衆」交通の「公共制」―「公共」交通と「私的」交通―」『IATSS Review』、国際交通安全学会、第6巻3号、1980年9月。
〔80〕「道路整備の費用負担について」『季刊道路交通経済』、経済調査会、第13号、1980年10月。
〔81〕「土俵と行司と禁じ手の組合せ―運輸業における政府規制の問題点―」『ESP』、経済企画協会、第104号、1980年12月。
〔82〕「日本経済・財政・交通」『高速道路と自動車』、高速道路調査会、第24巻1号、1981年1月。
〔83〕「交通手段の「選択の自由」と運賃規制の功罪」『運輸と経済』、運輸調査局、第41巻4号、1981年4月。
〔84〕「住宅金融と経済」『住宅金融月報』、住宅金融公庫、1981年4月。
〔85〕「雪と経済と交通」『ロードクラブ』、日本ロードクラブ、第12号、1981年7月。
〔86〕「競争的運賃政策への試論」『ていくおふ』、全日空、第15号、1981年7月。
〔87〕「総合交通の評価をめぐって」『運輸と経済』、運輸調査局、第41巻12号、1981年12月。
〔88〕「都市公衆交通機関の費用負担と運賃制度」『都市問題研究』、都市問題研究会、第33巻12号、1981年12月。
〔89〕「横断道時代の高速道路」『高速道路と自動車』、高速道路調査会、第25巻1号、1982年1月。
〔90〕「許認可行政改善の方向」『季刊行政管理研究』、(財)行政管理研究センター、第17号、1982年3月。
〔91〕「財源強化を真剣に―建設白書を読んで―」『高速道路と自動車』、高速道路調査会、第25巻10号、1982年10月。
〔92〕「交通経済学の課題と展望」『季刊道路交通経済』、経済調査会、第23号、1983年4月。
〔93〕「規制緩和の意味と背景」『高速道路と自動車』、高速道路調査会、第26巻10号、1983年10月。
〔94〕「鉄道再建と交通政策」『運輸と経済』、運輸調査局、第44巻2号、1984年2月。
〔95〕「土木関連公共投資を考える―憂うべきゼロシーリング」『土木学会誌』、日

本土木学会、第69巻第5号、1984年5月。
〔96〕「規制政策のパラドックス―規制の意図と結果―」『交通学研究年報』、日本交通学会、1984年。
〔97〕「宅配便輸送と規制―宅配便についてのもう一つの見解」『高速道路と自動車』、高速道路調査会、第27巻7号、1984年7月。
〔98〕「市場構造ゆがめる政府の経済規制」『ていくおふ』、全日空、第27号、1984年7月。
〔99〕「交通体系の変化と都市機能―都市管理機能の面から―」『都市問題』、東京市政協会、第75巻7号、1984年7月。
〔100〕「公営企業を考える」『公企労研究』、公企労センター、第60号、1984年9月。
〔101〕「特定財源制度―その長短をめぐって―」『季刊道路交通経済』、経済調査会、第29号、1984年10月。
〔102〕「私鉄経営と鉄道の基本問題」『運輸と経済』、運輸調査局、第44巻12号、1984年12月。
〔103〕「都市・交通計画・地方行政―交通計画は"青い鳥"？―」『運輸と経済』、運輸調査局、第45巻3号、1985年3月。
〔104〕「同一地域同一運賃制度は必要か―タクシー運賃値下げ申請却下処分取消請求事件判決に寄せて―」『公正取引』、公正取引協会、第414号、1985年4月。
〔105〕「同一地域同一運賃の「必要性」について」『地方自治ジャーナル』、公人の友社、第7巻5号、1985年5月。
〔106〕「民間活力活用論―その背景、必要性、問題点」『土木学会誌』、日本土木学会、1985年5月。
〔107〕「国際都市のハブ機能」『季刊おおぞら』、日本航空、第49号、1985年7月。
〔108〕「内部補助（Cross-Subsidization）の概念」『高速道路と自動車』、高速道路調査会、第28巻7号、1985年7月。
〔109〕「内需拡大と社会資本整備」『月刊下水道』、環境公害新聞社、第8巻11号、1985年8月。
〔110〕「市場変化に対する公企業の対応―国鉄の場合―」『組織科学』、日本組織学会、第19巻2号、1985年9月。
〔111〕「物流と交通体系」『ジュリスト増刊総合特集』、有斐閣、第40号、1985年9月。
〔112〕「内需拡大と民間活力の活用―社会資本整備のために」『季刊晋和』、晋和会、1985年冬号。
〔113〕「航空行政と企業―規制緩和と企業の活性化―」『季刊航空と文化』、航空協会、第19号、1986年1月。

〔114〕「分割・民営化と「総合体系」」『ジュリスト』、有斐閣、第860号、1986年5月。
〔115〕「公共投資と外部経済―交通基盤投資の開発効果と開発利益の還元策―」『TRAFFIC & BUSINESS（季刊道路新産業）』、道路新産業開発機構、第5号、1986年SUMMER。
〔116〕「国内航空市場の成長は可能か」『季刊おおぞら』、日本航空、1986年夏号。
〔117〕「国鉄分割・民営化の影響」『公正取引』、公正取引協会、第431号、1986年9月。
〔118〕「規制緩和下の運賃政策」『交通学研究年報』、日本交通学会、1987年。
〔119〕「高規格道路を中心とした今後の道路整備のあり方」『高速道路と自動車』、高速道路調査会、第30巻1号、1987年1月。
〔120〕「大規模プロジェクトの経済的意義」『IATSS Review』、国際交通安全学会、第14巻1号、1988年3月。
〔121〕「国鉄分割民営化の評価」『季刊 Mobility』、運輸経済研究センター、第71号、1988年春号。
〔122〕「道路からの発言を」『道路建設』、日本道路建設業協会、第488号、1988年10月。
〔123〕「道路予算に望むもの」『高速道路と自動車』、高速道路調査会、第31巻12号、1988年12月。
〔124〕「道路サービス向上のために」『道路建設』、日本道路建設業協会、第480号、1988年12月。
〔125〕「「いうは易く行い難し」：新線建設の開発利益還元」『都市問題研究』、都市問題研究会、第40巻12号、1988年12月。
〔126〕「公共事業の開放問題を考える」『晋和』、晋和会、1988年冬号。
〔127〕「欧米の道路整備の歴史―イギリス―」『道路』、日本道路協会、1989年2月。
〔128〕「国産の「外圧」づくり―新行革審に参加して―」『季刊道路交通経済』、経済調査会、第47号、1989年4月。
〔129〕「規制緩和と運輸業」『季刊輸送展望』、日通総合研究所、第209号、1989年冬号。
〔130〕「規則と企業行動―国鉄民営化の影響―」『季刊経済学論集』、東京大学経済学会、第55巻2号、1989年7月。
〔131〕「高速道路整備財源と料金の決定」『野田経済』、野田経済研究所、1989年8月。
〔132〕「都市とクルマの共存のための駐車対策」『都市計画』、日本都市計画協会、第171号、1991年9月。

〔133〕 *Special issue: urban improvement and parking lot Metropolis and automobile traffic problem parking*,『日本不動産学会誌』。日本不動産学会、第 7 号、1992年 3 月。

〔134〕「生活大国五箇年計画（経済審議会答申）について」『高速道路と自動車』、高速道路調査会、第35巻 8 号、1992年 8 月。

〔135〕「有料道路制度再考」『高速道路と自動車』、高速道路調査会、第36巻 4 号、1993年 4 月。

〔136〕「公共事業予算配分と特定財源制度」『高速道路と自動車』、高速道路調査会、第37巻 7 号、1994年 7 月。

〔137〕「21世紀に向けての交通政策の課題―上―新幹線開業30周年を迎えて」『公明』、公明党機関紙委員会、第396号、1994年12月。

〔138〕「21世紀に向けての交通政策の課題―下―関西国際空港開港にあたって」『公明』、公明党機関紙委員会、第397号、1995年 1 月。

〔139〕「高速道路運営の基本問題：再考―償還主義、料金プール制を中心に」『高速道路と自動車』、高速道路調査会、第38巻 5 号、1995年 5 月。

〔140〕「災害時における道路資源の最適利用―経済学の視点から―」『IATSS Review』、国際交通安全学会、第21巻 2 号、1995年 9 月。

〔141〕「規制緩和と社会的厚生」『公正取引』、公正取引協会、第543号、1996年 1 月。

〔142〕「国鉄改革から10年、今改革の原点を探る」（前編）」『プレジデント』、プレジデント社、第34巻 7 号、1996年 7 月。

〔143〕「国鉄改革から10年、今改革の原点を探る」（後編）」『プレジデント』、プレジデント社、第34巻 8 号、1996年 8 月。

〔144〕「敢えて目的税を推す」『高速道路と自動車』、高速道路調査会、第40巻 2 号、1996年12月。

〔145〕「経営改善への道―経営改善委員会意見書を読んで―」『高速道路と自動車』、高速道路調査会、第40巻 2 号、1997年 2 月。

〔146〕「公共投資バッシングを排す」『高速道路と自動車』、高速道路調査会、第41巻 1 号、1998年 1 月。

〔147〕「米国電話市場の規制緩和：学ぶべき点、避けるべき点」『郵政研究所月報』、総務省郵政研究所、第115号、1998年 4 月。

〔148〕「日本の第二次情報通信改革の展望」『郵政研究所月報』、総務省郵政研究所、第115号、1998年 4 月。

〔149〕「道路整備と地方分権・民営化」『道路建設』、日本道路建設業協会、第604号、1998年 5 月。

〔150〕「歴史と経済政策―政府規制の評価―」『創価経済論集』、創価大学経済学

会、第27巻1・2号、1998年6月。
〔151〕「都市の100年（10）これからの都市の交通」『市政』、全国市長会、第47号、1998年10月。
〔152〕「繰り返される同じ主張―過去50年間を顧みる―」『高速道路と自動車』、高速道路調査会、第42巻12号、1999年12月。
〔153〕「地域公共交通の維持―需給調整規制廃止を控えて―」『地域政策研究』、地方自治研究機構、第95号、1999年12月。
〔154〕「「従来型」公共投資の再評価」『道路建設』、日本道路建設業協会、第624号、2000年1月。
〔155〕「理想的な政策論争を―マスコミの役割を考える―」『高速道路と自動車』、高速道路調査会、第44巻1号、2001年1月。
〔156〕「道路特定財源制度の役割」『道路行政セミナー』、道路広報センター、第12巻1号、2001年4月。
〔157〕「道路特定財源の歴史的経緯と意義」『建設オピニオン』、建設公論社、第8巻7号、2001年7月。
〔158〕「アジテーションの時代風潮を憂う―道路問題の歪められた非難―」『道路建設』、日本道路建設業協会、第643号、2001年8月。
〔159〕「Meaningful Theoremと実証分析」『運輸と経済』、運輸調査局、第61巻11号、2001年11月。
〔160〕「道路4公団民営化問題：正確な理解・分析が必要」『道路建設』、日本道路建設業協会、第657号、2002年10月。
〔161〕「「天下の公道」を「私」するべからず―道路公団民営化への疑問―」『道路』、日本道路協会、第741号、2002年11月。
〔162〕「誤認・誤解の解消が必要―道路公団民営化論議について―」『高速道路と自動車』、高速道路調査会、第46巻1号、2003年1月。
〔163〕「"政治問題"切り離した議論を―道路公団改革―」『道路建設』、日本道路建設業協会、第670号、2003年11月。
〔164〕「市場と政府―改めて役割を考える―」『道路建設』、日本道路建設業協会、第681号、2004年11月。
〔165〕「正確な事実認識とマスメディア―いくつかの問題―」『高速道路と自動車』、高速道路調査会、第48巻4号、2005年4月。
〔166〕「高速道路の活性化―ハイウェイタウン構想―」『道路建設』、日本道路建設業協会、第688号、2005年7月。
〔167〕「国鉄改革―その前・その後―」『運輸と経済』、運輸調査局、第67巻4号、2007年4月。
〔168〕「道路整備財源は確保できるか 道路特定財源の見直しvs「中期的な計画」」

『道路建設』、日本道路建設業協会、第703号、2007年9月。
〔169〕「公共施設を長生きさせるには」『公明』、公明党機関紙委員会、第28号、2008年4月。
〔170〕「ポスト同時不況と市場経済」『公明』、公明党機関紙委員会、第44号、2009年8月。
〔171〕「CONVENTIONAL WISDOM からの脱却」『高速道路と自動車』、高速道路調査会、第54巻1号、2011年1月。
〔172〕「高速道路の今昔―交通量予測を中心に―」『高速道路と自動車』、高速道路調査会、第56巻8号、2013年8月。

【座談会・シンポジウム・対談等】

〔1〕「安全科学と人間の問題」平尾収・宇留野藤雄・川畑正大・青山光子の諸氏との座談会、『自動車とその世界』、1967年6月号。
〔2〕「運輸経済懇談会の都市交通問題中間報告をめぐって―ディスカッション―」『高速道路と自動車』、第11巻7号、1968年7月。
〔3〕「公益事業は利用者のもの―公共料金政策のあり方を考える―」伊藤光晴氏・佐上武弘氏との座談会、『日本経済新聞』、1968年9月25日。
〔4〕「公共料金政策のあり方を探る」伊藤光晴・佐上武弘・黒川洸の諸氏とのシンポジウム、『日本経済研究センター会報』、第90号、1968年10月。
〔5〕「道路投資と税制」井上孝・高橋清・今津岩夫の諸氏との座談会、『自動車とその世界』、1969年3月号。
〔6〕「都市問題の経済政策」伊藤善市氏・岡本哲治氏との座談会、『運輸と経済』、第32巻12号、1972年12月。
〔7〕「運賃制度からみた欧州都市交通の印象」(インタビュー)『運輸と経済』、第33巻9号、1973年9月。
〔8〕「地域開発の現状と展望」下河辺淳・安部統・佐藤竺・西谷剛・金子敬生の諸氏との座談会、『自治研修』、第160号、1973年12月。
〔9〕「企業の自由とその限界」鈴木治雄氏との対談、『経団連月報』、第22巻7号、1974年7月。
〔10〕「その"わだち"から何を読みとるか」岡田清氏・藤井彌太郎氏との座談会、『運輸と経済』、第35巻6号、1975年6月。
〔11〕「地方公営企業の現状と課題」川越昭・辻誠二・船木喜久郎の諸氏との座談会、『かんぽ資金』、第3号、1976年1月。
〔12〕「国鉄運賃法の改正とその後の課題」山本雄二郎氏・中島勇次氏との座談会、『運輸と経済』、第37巻4号、1977年4月。
〔13〕「非統計的道路必要論」遠間武夫氏・栗山定幸氏との対談、『ロードクラ

ブ』、第8号、1980年5月。
〔14〕「先進国日本における道路整備と課題」五代利矢子・正木輝日・渡辺修自の諸氏との座談会、『建設月報』建設省広報室編、第378号、1980年12月。
〔15〕「道路財源の存立とその行方」浅井新一郎・河合恭平・栗山定幸・坪井良一・冨永誠美・藤原武・本田静哉の諸氏とのフォーラム、『ロードクラブ』、第14号、1981年秋。
〔16〕「米国の規制緩和政策をどう見るか」植草益氏との対談、『運輸と経済』、第42巻3号、1982年3月。
〔17〕「航空業界の需要・経営・政策を語る」川野光斉氏との対談、『季刊おおぞら』、第37号、1982年7月。
〔18〕「新幹線—過去・現在・未来—」田中康弘・須田寛氏との座談会、『国鉄線』、第400号、1982年9月。
〔19〕「航空企業経営はこれでよいのか—低成長下の航空界を語る—」河野光雄氏・中村大造氏との座談会、『ていくおふ』、第24号、1983年10月。
〔20〕「交通の経済分析と将来の方向—企業性と公共性をめぐって—」伊藤善市・中村英夫・小谷善四郎の諸氏との座談会、『ESP』、1984年8月。
〔21〕「急がれる社会資本整備」越正毅氏・武田文夫氏との座談会、『建設業会』、第33巻12号、1984年12月。
〔22〕「私鉄経営と鉄道の基本問題」岡田清氏・藤井彌太郎氏との座談会、『運輸と経済』、第44巻12号、1984年12月。
〔23〕「新幹線時代の評価と展望」柴内真・関口茂・菅原操・加藤寛・広岡治哉・天野光三・馬場孝一の諸氏とのシンポジウム、『PLANNING ADMINSTRATION 計画行政』、第16号、1986年8月。
〔24〕「小田急電鉄—都市鉄道の経営戦略」利光達三氏・関口昌弘氏との座談会、『運輸と経済』、第46巻9号、1986年9月。
〔25〕「交通計画にもマーケティングの発想を」谷口光之氏との対談、『自動車とその世界』、第223号、1987年5月。
〔26〕「交通機関での競争と強調—より便利な国民の足にするには—」角本良平氏・サトウ・サンペイ氏との座談会、『ていくおふ』、第39号、1987年7月。
〔27〕「交通法規と規制の効率性」第1回「大学と科学」公開シンポジウム。『現代社会における法的問題処理』、1987年7月。
〔28〕「交通市場の変貌と運賃形成」岡田清・杉山武彦・藤井彌太郎の三氏との座談会、『運輸と経済』、第48巻2号、1988年2月。
〔29〕「JNRからJRへ—鉄道の経営革新—」松田昌士・井手正敬・野中郁次郎の三氏との座談会、『運輸と経済』、第48巻4号、1988年4月。
〔30〕「国鉄分割・民営化と労働問題」神代和欣・兵藤釗・隅谷三喜男の諸氏との

座談会、『年報日本の労使関係』日本労働協会編、1988年8月。

〔31〕「事故減への視点を探る」越正毅氏との対談、『ザ・セーフティジャパン新聞』、第185号、1988年9月。

〔32〕「2000年の交通―交通政策に何を望むか―」山本雄二郎・加藤寛・塩田澄夫・中村英夫の諸氏とのパネルディスカッション、『季刊 Mobility』、第74号、1989年1月。

〔33〕「高速道路の料金問題」生内玲子・河合恭平・栗山定幸・杉田房子・冨永誠美・藤原武・村上圭三の諸氏とのフォーラム、『ロードクラブ』、第44号、1989年6月。

〔34〕「英国交通政策の動向―ラフバラ大学経済学部応用ミクロ経済学研究所長ケネス・ジェー・バットン博士に聞く」『運輸と経済』、第50巻8号、1990年8月。

〔35〕「道路整備の新たな展開」藤井治芳氏・黒川宣之氏との座談会『高速道路と自動車』、第34巻1号、1991年1月。

〔36〕「交通研究―昨日・今日・明日―」角本良平・広岡治哉・藤井彌太郎の諸氏との座談会、『運輸と経済』、第51巻11号、1991年11月。

〔37〕「高速道路5,000km時代を迎えて」鈴木道雄氏へのインタビュー、『高速道路と自動車』、第35巻1号、1992年1月。

〔38〕「公共輸送機関への新たな期待」宮崎緑氏・大塚秀夫氏とのてい談、『トランスポート』、運輸振興協会、第42巻1号、1992年1月。

〔39〕「生活大国にふさわしい交通サービスを考える」三谷浩氏との対談、『高速道路と自動車』、第36巻1号、1993年1月。

〔40〕「これからの道路整備―ゆとりある社会の実現に向けて―」藤川寛之氏との対談、『高速道路と自動車』、第37巻1号、1994年1月。

〔41〕「新年にあたって―高速道路への期待―」鈴木道雄氏との対談、『高速道路と自動車』、第38巻1号、1995年1月。

〔42〕「未来を導く高速道路―平成8年道路整備の抱負―」橋本鋼太郎氏との対談、『高速道路と自動車』、第39巻1号、1996年1月。

〔43〕「今野源八郎先生を偲んで」尾之内由紀夫氏・藤森謙一氏との座談会、『高速道路と自動車』、第40巻2号、1997年2月。

〔44〕「交通研究：21世紀への視座（東京フォーラム）」石谷久・宮嶋勝・川嶋康宏・藤井彌太郎の諸氏との座談会、『運輸と経済』、第56巻8号、1997年8月。

〔45〕「交通問題のうち・そと―経済学者・エコノミスト討論会―」小谷清・原田泰・金本良嗣の諸氏との座談会、『運輸と経済』、第57巻8号、1997年12月。

〔46〕「20世紀交通問題の総括―新世紀への架橋のために―」角本良平・榊原胖

夫・藤井彌太郎の諸氏との座談会、『運輸と経済』、第59巻6号、1999年6月。
〔47〕「高度情報化社会の展望」森谷正規氏・月尾嘉男氏との座談会、『運輸と経済』、第60巻1号、2000年1月。
〔48〕「「道路特定財源の意義」を語る」倉林公夫氏との対談、『建設オピニオン』、第7巻8号、2000年8月。
〔49〕「21世紀の自動車産業の行方」吉田信美氏・井上久男氏との座談会、『ベストパートナー』、浜銀総合研究所、第12巻9号、2000年9月。
〔50〕「第44回運輸政策コロキウム 都市交通プロジェクトの世代会計分析」宮本和明氏との対談、『運輸政策研究』、運輸政策研究機構、第3巻4号、2001年Winter。
〔51〕「交通政策における規制緩和と民営化」杉山武彦氏・寺田一薫氏によるインタビュー、『交通政策研究の展開―人とその歩み―』、日本交通政策研究会、2001年11月。
〔52〕「新時代の運賃・料金を考える」杉山雅洋・藤井彌太郎氏との座談会、『運輸と経済』、第63巻1号、2003年1月。
〔53〕「鉄道貨物輸送の歩みと新時代への課題」伊藤直彦氏・岡田清氏との座談会、『運輸と経済』、第63巻8号、2003年8月。
〔54〕「「運輸と経済」にみる交通課題―戦後60年の回顧と今後の展望―」杉山武彦・中条潮・今城光英の諸氏との座談会、『運輸と経済』、第65巻10号、2005年10月。

【新聞・雑誌への寄稿】

〔1〕「道路財源の経済学」(やさしい経済学)『日本経済新聞』、1967年3月15日～19日。
〔2〕「高速道路の料金問題」(やさしい経済学)『日本経済新聞』、1967年。
〔3〕「交通の経済的効率」(やさしい経済学)『日本経済新聞』、1968年。
〔4〕「マイカー課金と混雑税」(やさしい経済学)『日本経済新聞』、1968年。
〔5〕「道路政策を新しい視点から」(経済教室)『日本経済新聞』、1969年6月2日。
〔6〕「道路の財源調達」(やさしい経済学)『日本経済新聞』、1970年8月31日。
〔7〕「赤字線の政治経済学」(やさしい経済学)『日本経済新聞』、1971年1月28日～2月4日。
〔8〕「価格理論演習」(やさしい経済学)『日本経済新聞』、1971年10月16日～20日。
〔9〕「公共財理論の新展開」(やさしい経済学)『日本経済新聞』、1971年。

〔10〕「貨物の"国鉄離れ"を考える」(経済教室)『日本経済新聞』、1975年12月14日。
〔11〕「国鉄は『会社更生法』の精神で再建せよ」『月刊価値ある情報』ダイヤモンド社、1976年11月号。
〔12〕「郵便の経済学」(やさしい経済学)『日本経済新聞』、1977年4月24日〜5月2日。
〔13〕「オックスフォード便り―1〜9」『季刊ていくおふ』全日空、創刊号〜第9号、1977年12月〜1979年12月。
〔14〕「イギリス人と交通」『高速道路と自動車』、高速道路調査会、第22巻6号、1979年6月。
〔15〕「空港整備と空の交通網」『日本航空協会会報』、日本航空協会、第18号、1979年11月25日。
〔16〕「あなたの危険負担で」『日刊自動車新聞』1979年10月16日。
〔17〕「運輸業における規制政策の功罪」(やさしい経済学)『日本経済新聞』、1979年10月30日〜11月7日。
〔18〕「危険な安全装置」『日刊自動車新聞』1979年11月7日。
〔19〕「誰が見直す公共輸送」『日刊自動車新聞』1979年11月14日。
〔20〕「政治家の自叙伝」『日刊自動車新聞』1979年11月28日。
〔21〕「外見と中身」『日刊自動車新聞』1979年12月22日。
〔22〕「"ゼニの取れる運転手になれ"」『日刊自動車新聞』1979年12月25日。
〔23〕「失敗でもいい、積極的にやれ」『日刊自動車新聞』1980年1月29日。
〔24〕「消費者を甘くみるな」『日刊自動車新聞』1980年2月21日。
〔25〕「誠意を表す言葉」『日刊自動車新聞』1980年2月26日。
〔26〕「大衆は鉄道を使え」『日刊自動車新聞』1980年3月26日。
〔27〕「"放置自転車"の洪水」『日刊自動車新聞』1980年4月8日。
〔28〕「通勤方法に問題?」『日刊自動車新聞』1980年4月17日。
〔29〕「木を見て森を見ず?」『日刊自動車新聞』1980年5月20日。
〔30〕「『混雑税』をめぐって―角本良平氏に答える」『高速道路と自動車』、第23巻6号、1980年6月。
〔31〕「道路と空気」『日刊自動車新聞』1980年6月5日。
〔32〕「机上の空論 役所の計算」『日刊自動車新聞』1980年6月17日。
〔33〕「起こるべくして起こる事故」『日刊自動車新聞』1980年7月3日。
〔34〕「"古典的"自由主義」『日刊自動車新聞』1980年7月17日。
〔35〕「ムード的財政論」『日刊自動車新聞』1980年7月29日。
〔36〕「オートキャンプ場整備を」『日刊自動車新聞』1980年8月26日。
〔37〕「地方の道路」『日刊自動車新聞』1980年9月9日。

〔38〕「高齢者マーク」『日刊自動車新聞』1980年10月9日。
〔39〕「財政危機と特定財源」『日刊自動車新聞』1980年10月22日。
〔40〕「あえてモラル議論を」『日刊自動車新聞』1980年11月20日。
〔41〕「行政改革の原点」『日刊自動車新聞』1980年12月16日。
〔42〕「交通投資の新しい視点」『日刊自動車新聞』1981年1月14日。
〔43〕「後悔先に立たず」『高速道路と自動車』、第24巻2号、1981年2月。
〔44〕「豪雪と高速道路」『日刊自動車新聞』1981年2月5日。
〔45〕「人を憎んで自転車を憎まず」『日刊自動車新聞』1981年2月12日。
〔46〕「手前勝手な総評提言」『日刊自動車新聞』1981年2月26日。
〔47〕「イギリスの車検」『日刊自動車新聞』1981年3月11日。
〔48〕「赤字ローカル線の経済分析」(やさしい経済学)『日本経済新聞』、1981年4月7日～14日。
〔49〕「利用者と従業員モラル」『日刊自動車新聞』1981年4月7日。
〔50〕「日米自動車問題は正攻法で」『日刊自動車新聞』1981年4月21日。
〔51〕「当たった！割引制度」『日刊自動車新聞』1981年5月25日。
〔52〕「交通安全シンポジウム」『日刊自動車新聞』1981年6月5日。
〔53〕「通商摩擦とシルバーシート」『日刊自動車新聞』1981年6月30日。
〔54〕「荒廃したアメリカ」『日刊自動車新聞』1981年7月15日。
〔55〕「運政審の総合交通答申」『日刊自動車新聞』1981年7月28日。
〔56〕「道路の掘り返し」『日刊自動車新聞』1981年8月11日。
〔57〕「高速道路は高すぎるか」『日刊自動車新聞』1981年8月26日。
〔58〕「罰金50ドル」『日刊自動車新聞』1981年9月30日。
〔59〕「備えあっても憂いあり」『日刊自動車新聞』1981年10月15日。
〔60〕「運輸政策審議会答申を読んで」『季刊 Mobility』、運輸経済研究センター、第45号、1981年秋。
〔61〕「成功の秘密」『日刊自動車新聞』1981年11月4日。
〔62〕「タクシー雑感」『日刊自動車新聞』1981年11月17日。
〔63〕「輸入業者"性悪"説」『日刊自動車新聞』1981年12月2日。
〔64〕「低成長時代」『日刊自動車新聞』1981年12月15日。
〔65〕「税負担の限界」『日刊自動車新聞』1981年12月28日。
〔66〕「正月の交通異変」『日刊自動車新聞』1982年1月28日。
〔67〕「メリットはどこに」『日刊自動車新聞』1982年2月3日。
〔68〕「第2の国鉄」『日刊自動車新聞』1982年2月17日。
〔69〕「あまりにも勝手な」『日刊自動車新聞』1982年3月2日。
〔70〕「"日米通商摩擦"私見」『日刊自動車新聞』1982年3月17日。
〔71〕「行政改革と許認可行政」(やさしい経済学)『日本経済新聞』、1982年3月

27日〜4月3日。
〔72〕「"道路審議会の提言に注文する"への注文」『日刊自動車新聞』1982年3月30日。
〔73〕「"文化人の"国鉄応援」『日刊自動車新聞』1982年4月13日。
〔74〕「限りなく厚顔無恥」『日刊自動車新聞』1982年4月27日。
〔75〕「車検制度への提案」『日刊自動車新聞』1982年5月18日。
〔76〕「民業と官業」『高速道路と自動車』、第25巻6号、1982年6月。
〔77〕「消費者運動の限界」『日刊自動車新聞』1982年6月1日。
〔78〕「道路後進国」『日刊自動車新聞』1982年6月16日。
〔79〕「誤情報バンク」『日刊自動車新聞』1982年7月6日。
〔80〕「人工秩序と自然的秩序」『日刊自動車新聞』1982年7月20日。
〔81〕「国鉄改革の成否」『運輸と経済』、第42巻7号、1982年7月。
〔82〕「倦むことなかるべし―納税者の負託に応える道路整備を―」『道路』、1982年8月。
〔83〕「"公共交通"信仰」『日刊自動車新聞』1982年8月17日。
〔84〕「"経理屋は近視"は老眼」『日刊自動車新聞』1982年8月24日。
〔85〕「人ごとではない」『日刊自動車新聞』1982年9月21日。
〔86〕「政治責任」『日刊自動車新聞』1982年9月7日。
〔87〕「"理論的に"まちがった"理論"」『日刊自動車新聞』1982年10月6日。
〔88〕「経済理論は役に立たないか」(やさしい経済学)『日本経済新聞』、1982年10月18日〜22日。
〔89〕「ガス欠車続出」『日刊自動車新聞』1982年11月2日。
〔90〕「五割操業で値上げ」『日刊自動車新聞』1982年11月17日。
〔91〕「官僚的経営からの脱皮」『運輸と経済』、第42巻12号、1982年12月。
〔92〕「左のポケットから右のポケットへ」『日刊自動車新聞』1982年12月7日。
〔93〕「日本にポアチエはないか」『日刊自動車新聞』1982年12月21日。
〔94〕「明るさ見えない1983年」『高速道路と自動車』、第26巻1号、1983年1月。
〔95〕「交通事故を減らそう」『日刊自動車新聞』1983年1月27日。
〔96〕「臨調の最後ッ屁」『日刊自動車新聞』1983年2月1日。
〔97〕「都市のクルマと公共交通機関」『日刊自動車新聞』1983年2月16日。
〔98〕「校内暴力・教師・入試」『日刊自動車新聞』1983年3月1日。
〔99〕「アメリカ経済と世界不況」『日刊自動車新聞』1983年3月15日。
〔100〕「ペンを擱くに当たって」『日刊自動車新聞』1983年3月29日。
〔101〕「既成の観念を捨てよう」『運輸と経済』、第43巻7号、1983年7月。
〔102〕「規制緩和と地価」『不動産鑑定』、住宅新報社、第20巻10号、1983年9月。
〔103〕「民間活力導入と都市再開発」(やさしい経済学)『日本経済新聞』、1983年

11月28日〜12月20日。
〔104〕「浅知恵はけがのもと」『高速道路と自動車』、第27巻3号、1984年3月。
〔105〕「"救いのない""苦しまぎれの"値上げ」『運輸と経済』、第44巻3号、1984年3月。
〔106〕「活性化に成功した英国のバス」『運輸と経済』、第44巻10号、1984年10月。
〔107〕「運輸業の規制緩和政策」（やさしい経済学）『日本経済新聞』、1984年11月27日〜12月1日。
〔108〕「リレーコラム回転木馬II」交通界速報編集部編、1985年10月。
〔109〕「首相を出そう：社会資本整備への近道？」『高速道路と自動車』、第28巻3号、1985年3月。
〔110〕「運輸業活性化のテコに、競争に通じ市場拡大」（経済教室—規制緩和）『日本経済新聞』、1985年3月29日。
〔111〕「必要不可欠な頭の切り換え」『運輸と経済』、第45巻8号、1985年8月。
〔112〕「減らせないか交通事故—危険負担の意識を—」『信濃毎日新聞』、1985年12月27日。
〔113〕「答申の実現を—国鉄再建監理委員会の"国鉄改革に関する意見"を読んで」『運輸と経済』、第45巻12号、1985年12月。
〔114〕「規制緩和—外圧を引き金に進展、国内でも活力企業は歓迎」（新産業論）『日本経済新聞』、1986年2月22日。
〔115〕「"合理的な"道路整備への近道」『高速道路と自動車』、第29巻2号、1986年2月。
〔116〕「国鉄用地の売却—新会社発足の後でよい—」『信濃毎日新聞』、1986年2月17日。
〔117〕「日本市場、外車の"快走"は可能」（経済教室）『日本経済新聞』、1986年4月18日。
〔118〕"The Japanese Market and Imported Cars— It is Possible to Expand Sales"『The JAMA FORUM』Japan Automobile Manufacturers Association、Inc., November 1986.〔117〕の英訳。
〔119〕「産業構造の変革—『経構研』案の具体化を—」『信濃毎日新聞』、1986年6月24日。
〔120〕「国鉄再生を圧迫する"民業圧迫"」『運輸と経済』、第46巻8号、1986年8月。
〔121〕「賛成できぬマル優廃止—老後への貯蓄大切に—」『信濃毎日新聞』、1986年10月16日。
〔122〕「新生JRの前途」（やさしい経済学）『日本経済新聞』、1987年4月4日〜9日。

〔123〕「これからの道路づくり」『時の動き―政府の窓―』総理府、1987年9月15日。
〔124〕「円高と運輸を取り巻く環境」『季刊 Mobility』、運輸経済研究センター、第66号、1987年冬。
〔125〕「高速道路の経済」（やさしい経済学）『日本経済新聞』、1988年1月9日～15日。
〔126〕「首都高速道路の料金」『高速道路と自動車』、第31巻1号、1988年1月。
〔127〕「交通事故は減らすには」『人と車』全日本交通安全協会、1988年1月号。
〔128〕「相手を知ること」『人と車』全日本交通安全協会、1988年4月号。
〔129〕「交通事故は減らせる」『人と車』全日本交通安全協会、1988年6月号。
〔130〕「人間的なやさしさを」『人と車』全日本交通安全協会、1988年8月号。
〔131〕「JRの活性化」（やさしい経済学）『日本経済新聞』、1988年9月13日～19日。
〔132〕「経験から学ぶ」『人と車』全日本交通安全協会、1988年10月号。
〔133〕「無神経、無自覚、無責任」『人と車』全日本交通安全協会、1988年12月号。
〔134〕「"こだわり"と"思い切り"」『運輸と経済』、第48巻12号、1988年12月。
〔135〕「原則自由・例外規制で規制緩和を」『フォト』、時事画報社、1989年1月15日号。
〔136〕「若者よ、命をいとおしめ」『人と車』全日本交通安全協会、1989年2月号。
〔137〕「ついに経験した衝突事故」『人と車』全日本交通安全協会、1989年4月号。
〔138〕「ニューわがまま族」『人と車』全日本交通安全協会、1989年6月号。
〔139〕「適用しない大型車料金の値上げ反対論」『高速道路と自動車』、第32巻8号、1989年8月。
〔140〕「自己責任の自覚を」『人と車』全日本交通安全協会、1989年8月号。
〔141〕「ハイモビリティー社会の実現に向けて」『経団連月報』、経済団体連合会、第38巻3号、1990年3月。
〔142〕「高速道路のサービス」『高速道路と自動車』、第33巻10号、1990年10月。
〔143〕「「高速道路と自動車」400号を迎えて」『高速道路と自動車』、第34巻8号、1991年8月。
〔144〕「道路審議会建議「ゆとり社会」のための道づくり―豊かな生活・活力ある地域・優しい環境をめざして―（道路整備への提言）」『道路』、日本道路協会、第619号、1992年9月。
〔145〕「何が規制緩和の起爆剤になるか」『中央公論』、中央公論新社、第110号、1995年10月。
〔146〕「日本自動車工業会に期待する活動」『自動車工業』、日本自動車工業会、第364号1997年5月。

〔147〕「JR の完全民営化を急げ」『JR gazette』、交通新聞社、第56号、1998年3月。
〔148〕「有料道路制度」『道路行政セミナー』、道路広報センター、第14巻2号、2003年5月。
〔149〕「道路特定財源とはなにか」石弘光氏との賛否両論の議論、『毎日新聞』、2006年11月30日。
〔150〕「今のままで高速道路会社の将来はあるか」『高速道路と自動車』、第50巻12号、2007年12月。

【書評】
〔1〕伊藤善市著「都市化時代の開発政策」『日本経済研究センター会報』、第125号、1970年4月。
〔2〕角本良平著「都市交通論」『日本経済研究センター会報』、第129号、1970年6月。
〔3〕E. J. ミシャン著、都留重人監訳「経済成長の代価」『経済往来』、1972年4月。
〔4〕中田信哉著「運輸業のマーケティング―トラック業の市場競争をめぐって―」『運輸と経済』、第45巻8号、1985年8月。
〔5〕四方洋著「ゆえに、高速道路は必要だ―ネットワーク日本、めざして―」『高速道路と自動車』、第69巻2号、2003年2月。

【翻訳】
〔1〕『微視経済学（上）』、ボールディング著、大石泰彦・宇野健吾監訳、第6章、丸善、1971年5月。
〔2〕『荒廃するアメリカ』、P. チョート・S. ウォルター著、開発問題研究所、監訳。1982年9月。
〔3〕『自動車の将来』、A. アルシュラー、D. ルース他著、中村・大山他訳、「補論」、日本放送出協会、1984年11月。
〔4〕『アウトバーン』、キルシュバウム社、道路交通研究会訳、監訳、学陽書房、1991年3月。
〔5〕『現代の交通システム―市場と政策―』、ティム・パウエル著、藤井彌太郎・小野芳計監訳、NTT 出版、2007年12月。
〔6〕『交通の経済理論』、ティム・パウエル著、藤井彌太郎・小野芳計監訳、NTT 出版、2008年1月。

（本著作一覧は、岡野教授の還暦記念論文集である奥野正寛・篠原稔・金本良嗣

編『交通政策の経済学』(1989年9月、日本経済新聞社) pp247～262にその後の著作等を追加したものである。全体の確認、追加分については日本交通政策研究会金澤貴子さんに御協力願った。)

著者紹介

岡 野 行 秀（おかの ゆきひで）
1964年　東京大学大学院社会科学研究科理論経済学博士課程修了、東京大学経済学部助手
　　　　（東京大学大学院在学中、1960～1963年シカゴ大学大学院留学）
1966年　東京大学経済学部助教授
1976年　東京大学経済学部教授
1989年　東京大学名誉教授
2014年　逝去

主な著書として、「地域経済と交通」（共編著、東京大学出版会、1971）、「公共経済学」（共編著、有斐閣、1973）、「交通経済学講義」（共編著、青林書院新社、1976）、「交通の経済学」（編著、有斐閣、1977）、「陸運業界」（教育社、1978）、「現代自動車交通論」（共編著、東京大学出版会、1979）、「日本の公企業」（共編著、東京大学出版会、1983）、「公共経済学の展開」（共編著、東洋経済新報社、1983）、「交通と通信」（共著、放送大学教育振興会、1987）など

杉 山 雅 洋（すぎやま まさひろ）
1971年　早稲田大学大学院商学研究科博士課程修了、早稲田大学商学部助手
1974年　早稲田大学商学部専任講師
1976年　早稲田大学商学部助教授
1977年　（旧）西ドイツボン大学法律国家学部客員研究員（1980年まで）
1981年　早稲田大学商学部・大学院商学研究科教授
2004年　組織改正により、早稲田大学商学学術院教授
2011年　早稲田大学名誉教授

主な著書として、「西ドイツ交通政策研究」（成文堂、1985）、「交通政策の展開」（共編著、日本交通政策研究会、2001）、「明日の都市交通政策」（共編著、成文堂、2003）、「交通学の模索」（成文堂、2011）、「先端産業を創りつづける知恵と技」（共編著、成文堂、2014）など

日本の交通政策
――岡野行秀の戦後陸上交通政策論義――　[日本交通政策研究会 研究双書28]

2015年5月9日　初版　第1刷発行
2015年9月25日　初版　第2刷発行

著　者　　岡　野　行　秀
　　　　　杉　山　雅　洋

発行者　　阿　部　成　一

〒162-0041　東京都新宿区早稲田鶴巻町514
発行所　　株式会社　成文堂
電話 03(3203)9201(代)　Fax 03(3203)9206
http://www.seibundoh.co.jp

印刷　藤原印刷　　　　　　　製本　弘伸製本

☆乱丁・落丁はおとりかえいたします☆
©2015 岡野・杉山　　Printed in Japan
ISBN978-4-7923-5064-2 C3065
定価（本体3000円＋税）　　　検印省略